日本の音楽教育へのリトミック導入の経緯

——小林宗作、天野蝶、板野平の関わりを中心に——

板 野 晴 子 著

風 間 書 房

目　次

はじめに …………………………………………………………………… 1

序章　小林宗作、天野蝶、板野平が果たした役割とその背景 …… 9
 1．小林宗作の果たした役割とその背景 …………………………… 9
 2．天野蝶の果たした役割とその背景 ……………………………… 13
 3．板野平の果たした役割とその背景 ……………………………… 16
 4．音楽教育法としてのリトミックの再認識 ……………………… 19

第1章　リトミックの紹介者"小林宗作" ……………………………… 21
 第1節　小林宗作によるリトミック導入と新渡戸稲造による示唆 …… 21
  1．小林宗作研究の課題と設定 …………………………………… 21
  2．小林宗作とリトミックとの接点 ……………………………… 22
  3．小林宗作にリトミックを紹介した人物 ……………………… 24
  4．新渡戸稲造とリトミックとの関わり ………………………… 27
  5．新渡戸稲造の音楽教育観 ……………………………………… 31
  6．小林宗作の音楽教育観 ………………………………………… 34
  7．新渡戸と小林の音楽教育観の近似点 ………………………… 38
 第2節　小林宗作の提唱した綜合リズム教育 …………………… 39
  1．小林の「綜合リヅム教育概論」 ……………………………… 39
  2．「綜合リヅム教育概論」の分析 ……………………………… 39
  3．小林によるリトミックの紹介 ………………………………… 48
 まとめ ……………………………………………………………… 49

第2章　リトミックの普及者"天野蝶"……………………………55
第1節　天野蝶による日本へのリトミック導入に関する一考察
　　　　―天野の指導内容を視点として―……………………………55
　　1．天野蝶研究の課題と設定……………………………………55
　　2．体育教師天野とリトミックとの関わり……………………57
　　3．天野蝶によるリトミックの概要……………………………59
　　4．J=ダルクローズのリトミックと天野蝶によるリトミックの
　　　　教育内容の比較………………………………………………62
第2節　天野蝶による子どもの歌と動きについての一考察………75
　　1．天野蝶の子どもの歌と動きの背景…………………………75
　　2．天野による遊戯集……………………………………………82
　　3．天野によるリトミックへの子どもの歌と音楽と動きの活用……88
　　4．日本女子大学におけるリトミック…………………………92
　　まとめ………………………………………………………………101

第3章　リトミックの理論の探究者"板野平"……………………109
第1節　ヒロシマからのリトミック留学生派遣の経緯に関する研究
　　　　―谷本清の巡回講演日記から―…………………………109
　　1．板野平研究の課題と設定……………………………………109
　　2．太田と谷本の繋がり…………………………………………111
　　3．谷本とアメリカ人らの繋がり………………………………113
　　4．谷本の留学生派遣の取り組み………………………………122
第2節　広島の音楽教師によるリトミック導入
　　　　―太田司朗の関わりを中心に―……………………………126
　　1．リトミック導入史上の太田の位置づけ……………………126
　　2．太田司朗の音楽教育…………………………………………127

3．太田司朗とリトミックとの出会い ………………………… 134
　4．太田司朗のリトミック観 ……………………………………… 140
　5．太田の教育観の側面 …………………………………………… 149
第3節　板野平による日本へのリトミック導入に関する一考察
　　　―「学校音楽教育改革論　ダルクローズの思想をめぐって」を
　　　　中心に― …………………………………………………… 152
　1．板野平によるリトミック導入 ………………………………… 152
　2．板野平による研究の概観 ……………………………………… 154
　3．「学校音楽教育改革論　ダルクローズの思想をめぐって」の連載
　　　………………………………………………………………… 159
　4．「学校音楽教育改革論　ダルクローズの思想をめぐって」の分析
　　　………………………………………………………………… 162
　まとめ …………………………………………………………… 167

終章 ……………………………………………………………………… 175

おわりに ………………………………………………………………… 179

は じ め に

　エミール・ジャック=ダルクローズ（Jaques-Dalcroze,Emile 1865-1950、以下、J=ダルクローズと表記）はスイスの音楽教育家で、音楽教育メソードのリトミックを創案した人物である。ウォルター・ダムロッシュ[1]は「音楽と肉體の運動との間の、密接なる關係を探究した人」[2]として、フレーベルとJ=ダルクローズの名を挙げている。

　J=ダルクローズはジュネーヴ音楽院で和声学の教授として教鞭を執っていたが、音楽を専門に学んでいる学生たちが聴音能力が不完全なまま和声の学習をしていることに気づいた。このことがJ=ダルクローズが聴音力の育成について検討するきっかけとなり、後に「本来リズミカルな性質のものである音楽的感覚は、からだ全体の筋肉と神経のはたらきにより高まるものである、と考えるようになった」[3]と述べるに至っている。

　J=ダルクローズの理論の原形は、リズム運動、ソルフェージュ、即興演奏である。J=ダルクローズは「音楽に於いて、最も強烈に感覚に訴え、生命に最も密接に結びつく要素というのは、リズムであり、動きだ」[4]と述べ、聴く力の育成と身体的感覚の確立を意識した方法を提唱した。リズム運動、ソルフェージュ、即興のそれぞれは22種の学習項目に分けられている。以下はリズム運動の22項目である。

　〈リズム運動の学習項目〉
　1.筋肉の弛緩と呼吸の訓練　2.拍節分割とアクセントづけ　3.拍節の記憶　4.目と耳による拍子の迅速な理解　5.筋肉感覚によるリズムの理解　6.自発的意志力と抑止力の開発　7.集中力の訓練。リズムの内的聴取の創出　8.身体の均衡をとり、動きの連続性を確実にするための訓

練　9.数多くの自動的作用の獲得と、自発的意思の働きでもってする動作との結合を交替を目的とした訓練　10.音楽的時価の表現　11.拍の分割　12.音楽リズムの即時身体表現　13.動きの分離のための訓練　14.動きの中断と停止の練習　15.動きの遅速の倍加や3倍加　16.身体的対位法と（ママ）　17.複リズム　18.感情によるアクセントづけ——強弱法（dynamiques）と速度法（agogiques）のニュアンス（音楽的表現）　19.リズムの記譜の訓練　20.即興表現の訓練（想像力の開発）　21.リズムの指揮（他者——ソリストたちや集団の面々——に自分の個人的感覚・感情を速やかに伝達すること）　22.いくつもの生徒のグループによるリズムの実演（音楽的フレージングの手ほどき）

さらに、その中の一項目の解説を一例として挙げる。

2.拍節分割とアクセントづけ[5]
　　生徒は、拍に合わせて行進し、各小節の第1拍目を足で地面を叩くことでアクセントづけをして、拍子の違いを識別することを学び取る

リトミックは、英語表記においては Eurhythmics であり、〈Eu=良い rhythmics=リズム〉と訳されるが、その綴りの中には〈Eurhy=Well balanced=バランス良く〉という語が組み込まれている。上記の例にみられるようなリズム運動、ソルフェージュ、即興演奏の様々なサブジェクトの内容を学習することによって、音楽の様々な要素の「調和のとれた総合」[6]を目指す音楽教育法がリトミックであるといえる。
　　J=ダルクローズは1907年にドイツ東部中央の都市ドレスデン近郊に創設された「田園都市ヘレラウ」[7]に迎えられ、「神経反応を整備し、筋肉と神経を整合させ、精神と身体を調和させることを目指した特別な教育」[8]であるリトミックは、祝祭劇場という教育施設においても実践されるようになっ

た。ヘレラウで行われた、舞踊や演劇と結びついた「身体と空間と光の競演」[9]のパフォーマンスに対する評判は高いものであった。リトミックはスイスを初めとして、ドイツ、フランス、イタリア等、世界に広まり、音楽のみならず舞踊の分野においても高く評価され、日本人にも伝播したのである。

我が国へは1903（明治40）年に初めてリトミックが紹介されたとされている[10]。新劇の自由劇場運動を推進した歌舞伎の二代目市川左団次（1880-1940）と小山内薫（1881-1928）、モダンダンスの創始者である石井漠（1886-1962）、東京オリンピックの演出を手がけた舞踏家伊藤道朗、同じく舞踊家でありヘレラウでのリトミック体験をした岩村和夫、また、自らの舞踏教育実践に取り入れた音楽家山田耕筰（1886-1965）等、各分野を専門とする人物の名が挙げられる。

翻訳劇を中心に上演しようと市川と小山内が設立した「自由劇場」は、第9回の1919年の講演が最後であった。市川は先代から譲り受けた明治座を売却し松竹専属になる。一方で小山内は山田、石井と共に「新劇場」を興こしていたが、その周囲には「ユーリズミックス[11]を単に律動体操及至システムと解釈して観兵式を引き合いに」[12]出して酷評する者などが出た。山田は文化学院における舞踊の授業を2週に1回担当し、教育の可能性を探ったが、この取り組みを平沢（2006）は「突出的かつ表面的な現象に留まり、日本の学校舞踊教育界に影響を与えることも、体育界を支配することもなかった」[13]と分析している。松本（1966）は表現者らによって導入されたリトミックが、その後普及するに至らなかった原因は、小山内らの周囲が「ユーリズミックスもパントマイムも正当に理解できなかった貧弱な」[14]体制であったこと、また「先駆者たちがはじめには必ずこの基本的な方法を取り入れているにもかかわらず、日本では専門の俳優学校がなく劇団によって試みられたため、いつも劇団の運命と共に萎んでしまった」[15]ことにあると述べている。しかし、石井漠舞踊研究所では現在でもリトミックを活用したレッスン

が行われ、リトミックの内容を舞踊表現に織り込まれた作品が上演されるなど、その活動を見ることができる。

　一方、東京音楽学校（現在の東京藝術大学）出身の白井規矩郎は、遊戯研究家、体操研究家としての位置づけからか、リトミック実践に関わっていたことはそれほど知られてはいないが、音楽と語学に優れた点を活かし、日本女子大学における「EuRhythnmics 則ち韻律體操」[16]、すなわちリトミック実践を行っている。白井は「韻律體操の三階級」として、この身振を敏活に表現させるためには「（一）韻律體操（二）聽覺の訓練（三）ピアノの練習」[17]が必要と述べている。この部分からリトミックの3領域である「リズム運動」「ソルフェージュ」「即興」の必要性を的確に捉えていることが窺える。

　さらに「演者は旋律を了解して、音の高低長短強弱などを聽き分けることが必要であります、（中略）此の韻律體操は種々の旋律を動作で示して行くといふ考でないと其眞髄は得られません」[18]という記述に見られるように、リトミックに関して深い理解を示していることは明らかであり、大学教育における実践と研究については、白井もその専門家と見ることができる。

　リトミックの研究者である板野（1986）は「実際にジャック＝ダルクローズの教育方法が我が国に導入されたのは大正末期である」[19]と記している。明治期に日本に移入されたリトミックが音楽教育法として紹介がなされ、本格的に我が国に広く普及されるに至るまでの活動が「実際に」なされたのは、小林宗作によって幼稚園、小学校での活動への導入が試みられた以降と考えることができよう。

　現在の音楽教育界においては、大正末期以降に我が国へのリトミック普及に尽力した人物として一定の評価を得ている人物としては小林宗作の名が挙げられる。また、昭和前期以降の普及者としては天野蝶、昭和30年代以降の普及者としては板野平の名を挙げるこができる。板野の没年（2009）からは経年浅いためか、板野に関する先行研究はこれまでには無いものである。小林、天野による日本へのリトミック導入に関する主要な先行研究を次に挙げ

る。

①福嶋省吾「日本における E. ジャック=ダルクローズ・リトミック受容の歴史的概要について」音楽教育史学会研究誌（1）(1998) pp.80-86
②福嶋省吾「リトミック」『音楽教育史論叢』第Ⅲ巻（下）開成出版（2005）pp.548-563
③福嶋省吾「日本におけるリトミック教育の歴史的概観」『リトミック研究の現在』所収、日本ダルクローズ音楽教育学会編、開成出版（2003）pp.25-39
④小林恵子「リトミックを導入した早創期の成城幼稚園：小林宗作の幼児教育を中心に」国立音楽大学研究紀要第13集（1978）pp.75-93
⑤小林恵子「パリのリトミックに学んだ、もう一人の幼児教育者：天野蝶の歩いた道」国立音楽大学研究紀要第14集（1979）pp.49-65
⑥佐野和彦『小林宗作抄伝』話の詩集社（1985）
⑦坂田薫子「小林宗作の〈綜合リズム教育〉―理論上の成果と課題―」『音楽教育の研究：理論と実践の統一をめざして』所収、浜野政雄監修、東京芸術大学音楽教育研究室創設30周年記念論文集編集委員会編、音楽の友社（1999）
⑧松本晴子「教育者としての小林宗作の成長の過程―5人との出会いをとおして―」宮城学院女子大学発達科学研究（2013）pp.33-46

　①、②及び③は、日本におけるリトミックの受容についての歴史的概要が記されており、その中に小林、天野、板野の名を見ることができる。④は、小林宗作を草創期の成城学園に J=ダルクローズのリトミック精神の導入を果たした人物として、保育史上その意義を高く評価したものである。続く⑤は、天野の人と成りを纏め、天野は体育と音楽の融合にリトミックを見出し、幼児の指導へと発展させた人物として評価をしたものである。⑥は、小

林の生い立ち、彼の関わった学校での出来事等が、小林の子息である金子巴氏の話を中心に纏められている。カラフルなイラストによる表装と、副題に「トットちゃんの先生」とあるように、女優黒柳徹子の小学校時代の校長であったことを明示した、一般読者向けの読本という扱いではあるものの、小林の年表、著作の一部の紹介なども含むため、小林研究に於いても資料となりうるものである。⑦は小林宗作の〈綜合リズム教育〉の「綜合」の意味を、観光、指導原理、内的作用、表現活動の4つの側面から整理したものである。⑧は小林宗作と彼をとりまく人物、中館耕蔵、岩崎小弥太、真篠俊雄、黒柳徹子、早坂禮伍との出会いと関わりについて着目し、小林が音楽教師として深まっていく過程について考察したものである。

　これまでの先行研究等を概観してみると、小林宗作は「日本に初めてリトミックを音楽教育として紹介した人物」、天野蝶は「体育教師として天野式リトミックを普及した人物」、板野平は「国立音楽大学の教授として、我が国のリトミック普及に尽力した人物」という捉え方をされてきたように見受けられる。しかし、小林、天野のそれぞれの取り組みを検討する試みはなされているが、我が国へのリトミック導入の在り様を俯瞰するために、彼らの取り組みを並列して検討した研究は見受けられない。我が国へのリトミック導入に関わった人物がJ=ダルクローズのリトミック観をどのように捉えていたのか、また、彼らの音楽教育観やリトミック史上果たした役割を更に検討する必要がある。さらに、板野に関しては今後のリトミック導入史の基礎的資料の一部となりうるものである。

　小林、天野、板野ともに教え子を全国に輩出しており、その人数は少なくない。現在でもそれぞれの教え子による研究会では方法論を忠実に再現し、実践をする活動が活発に行われている。しかしながら、関係者の高齢化が進んでいる状況にもあり、彼らの取り組みを記録してゆくことは急務となっている。研究は以下の方法を中心に進めていく。

1）これまでの日本へのリトミック導入史の中でも、教育の領域に特化し、大正期以降の3者を並列した通史的研究を行い、リトミック導入の取り組みを俯瞰する。
2）小林、天野、板野の著作および関係書等の文献研究に加えて、3者それぞれに関わった人物への聴き取り調査を行う。
3）小林、天野、板野の著作からその理念と方法を抽出し、J=ダルクローズの理念と方法と比較する。

これらの研究は他にはないものであり、ここに本研究の独自性が表れると考える。

注及び参考文献

1) ヴァルター・ヨハネス・ダムロシュ（Walter Johannes Damrosch, 1862-1950）、アメリカの指揮者、作曲家。カーネギー・ホールの設立にも尽力し、クラシック音楽の普及に大きく貢献した。
2) ジョー・ペニントン著、浅羽武一、加藤忠松共訳（1916）『ダルクローズの律動教育』東京舞踊學院、序文
3) E.J=ダルクローズ著、板野平監修、山本昌男訳（2003）『リズムと音楽と教育』全音楽譜出版社、序文、p. ix
4) 同上書、p.73
5) 同上書、p.80
6) 同上書、p.98
7) 山名淳（2006）『夢幻のドイツ田園都市』ミネルヴァ書房にJ=ダルクローズとヘレラウの関係が記されている。
8) E.J=ダルクローズ、前掲書3、序文、p. ix
9) 山名淳、前掲書7、p.2
10) 福嶋省吾（1981）「リトミックと幼児の音楽教育」『季刊音楽教育研究』音楽之友社、p.57
11) 現在では一般的にリトミックという語が用いられているが、大正以前まではユーリズミックス、ユーリズミックという呼称が使用され、韻律運動、韻律體操、律動体操等と訳された。

12) 松本克平（1966）『日本新劇史』筑摩書房、p.554
13) 平沢信康（2006）「初期文化学院における舞踊教育実践について―山田耕筰による「舞踊詩」の試み―」鹿屋体育大学学術研究紀要第34号、p.22
14) 松本克平（1966）『日本新劇史』筑摩書房、p.562
15) 同上書、p.553
16) 白井規矩郎（1923）『韻律體操と表情遊戯』敬文館、p.186
17) 同上書、pp.188-189
18) 同上書、p.191
19) 板野平（1986）「ジャック=ダルクローズのリトミック教育について」『季刊音楽教育研究』音楽之友社、p.42

序章　小林宗作、天野蝶、板野平が果たした役割とその背景

　本書では、日本へのリトミック導入史上、大きな足跡を残したこの３名の足跡を検討することによって、我が国の音楽教育の一端、リトミックの歴史を振り返るきっかけを作りたいと考えている。リトミック導入に大きく関わった小林、天野、板野の活動の時期は、明治、大正、昭和、平成という時代に亘っており、これらの時代の社会的な背景は目まぐるしく変化していた。１章では小林宗作、２章では天野蝶、３章では板野平のそれぞれのリトミック導入の有り様を、それぞれの方法論や音楽教育観などの観点から検討していく。その前段として、本章では各人の役割とその背景を通史的に考察していく[1]。

１．小林宗作の果たした役割とその背景

　小林は「リトミックの原理に依つて、兒童教育の完全なる方法を組み立てる事が出來ると信じてゐる」[2]と述べ、着手すべき教育問題の事柄として、次の４点を挙げている。
　（チ）營養研究　（リ）散歩と園藝と動物飼養　（ヌ）混雑と騒音　（ル）連續發展
　小林は身体の異常は栄養不足からの影響も大いに関係すると考え、栄養研究の重要性に言及していた。黒柳による『窓際のトットちゃん』にも、小林が昼食の時間に「海のものと山のものを持ってきたかい」[3]と子どもたちに訪ねる場面が描かれている。散歩、園芸、動物飼育の奨励は、都市化の進展などによる人々のライフスタイルが多様化する中で、柔軟な価値観を育むことを考えていたと想定される。混雑、騒音は人口が地域から都心へと流出し

だした時代に起きてきた問題であり、車、電車等の交通が急激に発展しはじめた時代でもあった。小林は論文「幼な兒の爲のリズムと教育」の中でリトミックを車の運転に例え、「人間の體は、素晴らしく精巧な機械組織です、心はその運轉手です。(中略) リトミックは心に運轉術を教へる遊戯です」[4]と記している。これは当時に急速に発展した交通社会を意識してのことであったろう。また、現在の様に道路や信号機、線路、踏切等の整備が進んでいなかった当時は、車や電車の事故も多く発生した。小林はリトミックの理念を、乗り物に例えた話にアレンジするなどして子どもたちに伝えている。

次にもう一つの例を紹介する。美輪明宏は、国立音楽大学附属高校の生徒であった時代に、小林の教えを受けた一人である。彼は小林から「電車に乗る時はいつ急ブレーキが掛かってもいいように、進行方向に身体を斜めに向け、吊革をつかんでおくことが肝心」という話を聞いている[5]。

以下にJ=ダルクローズの教育観が表れている文を記す。

> 明日の教育は、改造であり、準備であり、再適合であらねばならない。すなわち、神経組織を再教育し、精神の落ち着き、内省力、集中力を養うと同時に、余儀ない事情から思ってもみなかったことを行うはめに陥っても、素直にそれに従い、厄介なこともなく対応でき、抵抗も喰い違いもなく、自分の力を最大限に発揮できる備えを整えさせることが肝要である[6]。

小林の話した内容とその言葉の表現は異なっているが、J=ダルクローズの述べる「余儀ない事情」は急ブレーキであり、「厄介なこともなく対応でき」は吊革をしっかりと握って準備をしておくことであり、「自分の力を最大限に発揮できる備え」が身体を電車の進行方向に斜めにして倒れないように前もって準備をしておくということである。小林はこのように表現を変えて、子どもたちにJ=ダルクローズの教育観を示し、次の時代への社会的再

建のための発展へと繋がることを考えていたのであろう。

　なぜいつまでも音楽教育は受動的・画一的な方法で教育を行っているのか、という小林の悩みは、小林に留まる個人レベルの悩みではなく、新教育運動が展開されつつあったその時代の悩みであったといえよう。留学後に小林を迎え入れた成城小学校は、民主主義や自由主義の思想、さらには文芸運動を大きく前進させた新教育運動の代表的な学園である。

　小林は成城学園の研究誌である『教育問題研究』にJ＝ダルクローズの著作の一部の訳を含む18本に及ぶ文章を掲載している。また、成城の同人らの共著「同人百面相」[7]にも小林が共著者として文章を載せている。この研究誌には澤柳政太郎（1865-1927）、長田新（1887-1961）、小原國芳（1887-1977）らをはじめとする大正自由主義教育運動の中で中心的な役割を果たした研究者、教育者が名を連ねている。彼らは実験的研究を行った結果を『教育問題研究』に発表していった。

　同研究誌に小林はJ＝ダルクローズの『リズムと音楽と教育』の第5章の一部分を「ダルクローズの韻律教育」、「ダルクローズ氏の韻律教育(2)」、「ダルクローズ氏の韻律教育(3)」、「ダルクローズ氏の韻律教育(4)」、「ダルクローズ氏の韻律教育(5)」[8]と題して訳出し、掲載している。成城学園の同人らと認識を同じくした小林によるリトミックを紹介する試みは、大正デモクラシーの流れの思潮に支えられた新教育運動の一端を担っていたものと考えられる。

　小林が提唱した綜合リズム教育は、佐野（1985）[9]の資料によると1939（昭和14）年にガリ版刷りのテキストとして著した以降、その論を展開させていった記述は見受けられない。1941（昭和16）年からの戦時下における教育は混乱を極め、学校の教育はほとんど停止されるという措置がとられた。美輪は筆者の聴き取りに対して、小林にいろいろと声をかけてもらったことを回想しつつ「あの当時は男性が音楽をやるだけで、色眼鏡で見られた時代です。芸能もそうですが、ピアノもヴァイオリンもそうでしょう。まして戦時

中は西洋の音楽を教えるなんて、国賊と言われるような時代ですから、小林先生は大変な思いで続けていらしたのではないでしょうか」と述べた。

「幼児のためのリズム音楽　舞踊の教育」[10]には小林が創作した曲が載せられている。そこには「へいたいすゝめ　とっとこ　とっとっと」という、時局の反映を感じさせる歌詞が見られる。太字にデザインされた「リトミック」の文字が中ほどのページにあり、このテキストの最後には、小林が自身の心中を記した文がある。

　　私は上野の音楽学校に学んでいた時、また、卒業後の十余年にわたる音楽教師としての生活中見聞した、様々の出来事の中でも、かつて見た事もきいた事もない様な練習方法が、ダルクローズの学校にいる二年間毎日、毎日展開されて全く驚きと喜びとに満されて、新しい希望に満され、すでに十年も過ぎた今も猶お更生の実感に胸が躍るのである。私は今ペンを走らせつつも、もう一度音楽教師になり度い……という慾望が腹のそこからこみ上げて来るのを感じる。

このガリ版刷りのテキストは昭和23年に記されたものである。戦後の解放された生命の喜びと学びへ希望が綴られている。別紙には「昭和二十年の戦災のため、参考書の多くを焼失したので原典を調べることが今はできませんが」[11]とある。小林が入手していた資料はリトミック関係の原著であったことは、後出（1章2節）の結果から明らかになっている。現状はガリ版刷りのテキスト等も散出したものが多い。

小林が「もう一度音楽教師になり度い」と切望した音楽教育への情熱は、リトミックの講師として国立音楽大学で教鞭をとることで再度叶う。小林はリトミックを紹介していくことをライフワークとして継続していった。小林は戦前、戦後の狭間を生き抜きながら「リトミックの紹介者」としての役割を果たした人物であったのである。

2．天野蝶の果たした役割とその背景

　先述の小林宗作は1893年生まれであり、天野蝶は1891年生まれである。また、小林が2度目の留学を果たしたのは1930年であり、天野がそのパリのリトミック学校で学んだのは1年後の1931年である。小林と天野がリトミックの導入に関わっていた時代は重なっている部分が多い。

　天野は明治期の女子教育を受けた。1900年代以降は女子高等教育のニーズの高まりを受けて教育女子師範学校が増加した。府県立の高等女学校の実際は各府県の大都市に設けられており、女子は親元で養育されるのが健全な家庭のあり方であるとされていた。高等女学校出身者は良妻賢母になりうる人物として評価づけがなされていた。その一方で、近代化に伴い子どもへの教育の普及が求められ、女性が教員になることが許容され、推進された時代でもあった。

　天野は勤務校の学校新聞などを通して、当時自分が受けた女子教育とその時代を通覧し、自らの生き方や考え方を若い世代へのメッセージとして記している。日本女子体育大学附属二階堂高等学校の学校新聞に寄稿したエッセー「私の十代」[12]では12歳から15歳までの4年間は日露戦争が色濃く関係していた生活であった事や、日本が世界の一等国になろうと奮闘する時代の雰囲気の中で、女学校では英語での会話遊びや演劇会に出演する意気盛んな少女であった事、京都女子師範学校で日本一の小学校の先生になろうと猛勉強した事などが綴られている。

　貞静学園新聞には「忘れられぬ思い出」[13]と題して、音楽家になる夢を持っていた事、京都府女子師範学校の在学時代の思い出、リトミック留学から帰国した後に、園長高橋満喜との以前からの縁がもとになり貞静学園で教えることになった経緯などが記されている。

　これら学校新聞の他に、天野の活動が雑誌や新聞に天野の活動が採り上げられるようになったこともこの時代の流れを感じさせる。戦前は報道中心であったマスコミが、戦後は政治、事件、教育、芸能など、一般市民の関心を

引き付ける話題をも取り扱うように変化してきた。雑誌は1950年代から発刊数が急激に増加し、1980年代には100万部を発行する週刊誌もあった。下記は天野を紹介した週刊誌や情報誌に記された見出しである[14]。

＜週刊読売＞
「体操おばあちゃんの若さの秘密」、「幼稚園から大学まで二十数校かけもち」、「アマチョウ先生」、「つややかなハダは"40代"」、「"オニよりこわい"教え方」
＜健康＞（講談社雑誌）
「リトミックの効果をみずからの若さで実証する天蝶先生　天野蝶さん（86才）」、
「息切れ一つせず飛び跳ねる八十六才」、「ピアノをひきながらリトミックを指導」、
「リトミックで健康な頭のよい子が育つ」、「恋も捨ててピカ一の先生に」、「四十才で耐え抜いたパリの特訓」
＜誌名不明＞
「リズムばあちゃん　老いてますます張り切る　二階堂短大の天野先生」
＜東京本願寺報＞
「リトミックに捧げた生涯」、「独特の方式を創案　いまなお元気にご活躍」、「フランスに渡り勉強」、「一対一、舞踊の先生にきたえられる」
＜厚生週報＞
「リズムと知能は正比例しますゾ」、「『天野式リトミック』の創始者・天野蝶さん」、「今の教育はなってない　幼児教育が一生を決める」、「保母は子守ではない　まず文部省から改革を」、「八十七才の天野蝶さん」

　1960年代は、いざなぎ景気による著しい社会構造等の変化によって、教育や保育への関心も高まった時代でもある。70才を超えた天野が「天野式リト

ミック」を若者顔負けで闊達に指導する姿は、「リトミックの効果」、「知能」、「保育と幼児教育」、「文部省」、「健康」、「留学」などのキーワードと共に紹介された。このことによって、一般の市民の関心を引き寄せたのではないかと思われる。その結果、リトミックの教育内容を知らないまでも、「天野式リトミック」という言葉を広く世間に知らしめたことは、天野の大きな功績である。記事の内容は天野の人と成りは勿論のこと、「生活はリズムです。リズムに乗り、リズムをつくってゆくのです。生活の美と能率はそこから生まれてゆきます」、「器用性は單に身体での表能力のみをさすものでなく、あらゆる心の現象、ことに感情、意志の表現とそのコントロールを含むものである」と、天野のリズム教育観が述べられている。さらに幼稚園児がピアノに合わせながらリトミック活動をしている姿が写真入りで紹介されており、リトミックを視覚的にも理解できるようになった。

また、「天野式リトミック」は新聞の記事としてもとり上げられている。よみうり新聞[15]の見出しには「現代的なリズム教育を兒童情操教育の一つに」、「リズム教育とはどんなものか」と紹介されている。また、朝日新聞には「リズムに乗って」、「78歳でこの若さ」、「一カ月で全国講習会」、「跳躍も平気、若者鍛える」という見出しの次に、以下のような文が続く。

> 女子大生や幼稚園の若い保母さんを体操でしぼっている"はりきりおばあさん"の話を「敬老の日」に——。(中略)専門はリズム運動で「天野式リトミック運動」というおもに幼稚園児や小学生を対象にした独特のリズム運動を考案、全国に普及させている。(中略)猛烈ぶりの一端を紹介すると——。八月一日大阪講習会(受講者二千七百人)、同二日福嶋、同三日小倉。夏休み中のわずか一ケ月間に北海道から九州まで全国二十一ヵ所をかけめぐって、リズム運動講習会を開いた。受講者は保母さんや家庭婦人を中心に合計一万人を越し、年々盛んになる一方という[16]。

新聞の発行部数は1940年代には一千万部であったものが、1960年代は二千五百万部に、さらに1970年代には四千万部に増大している[17]。上記の様に天野の教育活動が雑誌や新聞に取り上げられたことによって、「リトミック」という言葉が認知され、全国の保育、教育の場においてリトミックが盛んに実施されるようになったのである。これらのことから、天野はリトミックの導入史上、「普及者」としての役割を担った人物であったと言える。

3．板野平の果たした役割とその背景

1956（昭和31）年は小学校指導要領の改訂に伴い、幼稚園教育要領も刊行された。また、保育内容も6領域（健康・社会・自然・言語・音楽リズム・絵画制作）に整理された。その後、昭和30年代後半はベビーブームが押し寄せた時代である。幼児教育を対象とした音楽リズムへのリトミックの活用によって、その普及は一層進展したとみてよい。さらにこの時代は「放送」の分野が教育に関わるという新潮が出てきたのである。1959（昭和34）年にはNHK教育テレビ本放送が開始された。

筆者は元NHK放送プロデューサーの山本昌男への聴き取りの際に、当時の状況を纏めた資料を提供された[18]。下記はその資料の一部である。

　　NHKと板野先生　〜思い出すままに〜
　　○出会い（1966年＝S41年）
　　・この年の2月、人事異動により、小生BKより学校放送部に転入、R[19]の「小3音楽教室」とTVの小学校中学年向け「みんなの音楽」を担当。R「小3音楽教室」の番組インストラクターが板野先生だった。（中略）本音で議論を戦わせるうちに、先生のご専門の「リトミック」に基づく指導こそまさしく真の音楽教育法ではないかということを確信するに至り、それを軸に番組を展開しようと腹を決めた。
　　・S41年度後半から15分の番組の一定部分をリトミックの実践に充

て、教室でも机を片隅に寄せ、生徒たちがラジオの指示に合わせて、身体を動かしリズム運動ができるような内容に変えていった。当初、現場の教師の間には戸惑いや反発もあったようだが、生徒の反応を見たり、本物のリトミック指導に接したりで、歓迎する空気が徐々に強まってきた。

○リトミック導入に伴う諸問題

　・学習指導要領準拠

　　NHKの基本方針は「学習指導要領準拠」（教科書は適宜利用）、確たる理論裏付けを欠く「指導要領」の内容の妥当性を巡っては絶えず論争が起こった。＊＊＊[20]は独自の路線とカリキュラムへの転換を声高に要求。リトミックを主軸とする放送カリキュラムは、敵意に近い反発に迎えられた。

　・他学年向け番組への拡張

　　「小3」「小4」が連携して新カリキュラムに基づいた番組を制作、先生の信頼の熱い溝上日出夫先生を起用し、緊密な連携のもとに、板野カリキュラムに基づく番組制作を進めた。

　・TV番組との関係

　　TV番組へのリトミック導入は、全体としては、この時点ではまだ将来の課題であった。ただ、低学年向け番組で、かなり慎重に試行された。（すでにリトミックを公教育の場に導入している欧米諸国で、テレビを使っているかどうかはよくわからなかった。）

○新指導要領の衝撃

　・NHKでは、各教科の翌年度の年間番組放送計画の諮問委員会を、毎年8月に開催していた。私たちリトミック推進派は中学年向けラジオ番組におけるリトミック・カリキュラムの教科・充実を軸に難関計画を提出した。(S42.8)席上、誰ひとり予想もしなかった思いがけない事態が起こった。委員の一人〜というより中心人物〜である文部省

の眞篠教科調査官が来年度改定する新指導要領において「基礎」という新項目を導入すると表明されたのである。それまでNHKのリトミックを基本に据えた番組計画に猛反対していた＊＊＊は文部省の新方針に全員色を失った。――我々の完勝だった。リズムとソルフェージュにかかわる基礎訓練を内容とするこの「基礎」学習は、我々が既に番組において実践している教育そのものにほかならなかった。それが国によって追認されたのである。

　山本は当時のNHKの学校放送部において音楽教育番組や英語教育番組の制作に関わっていた。文面からは教育番組の担当者らが原理に則った教育法のリトミックを推進すべく奮闘している様子、NHKが推進したリトミックの方法が、後に学習指導要領に組み込まれていったことなどが読み取れる。文部省の眞篠は成城学園の音楽教師であった。眞篠は自身が留学する際にその後任として小林を成城学園に紹介した人物でもあり、彼も新教育運動の一端を担った音楽教師であったことも興味深い。ここに、当時の音楽教育番組制作の一端を垣間見ることができよう。

　板野はラジオ、テレビの教育番組放送に関わり、学校教育における音楽教育、小学校・中学校の学習課程の研究を行った。昭和43年に告示された小・中学校の第3次学習指導要領の教科音楽の「基礎」の執筆協力者として、音楽を身体表現することによって学習する方法を組み込んだ。その基となったのは音楽学習に身体運動を活用するリトミックの方法である。

　板野はその理論的裏付けを確たるものとすべく、J＝ダルクローズの理念を探究していった。J＝ダルクローズの原著『リズムと音楽と教育』をはじめ、『リトミック・芸術と教育』、『リズム運動』、『ダルクローズ・ソルフェージュ』、また、リトミックの研究書として『エミール・ジャック＝ダルクローズ』、マティス・ルシィの『近代音楽におけるアナクルーズ』を訳出し、講習会等においてもその理論を紹介し、探究する活動を行ったのであ

る。これらのことから、板野はリトミック導入史上、「理論の探究者」としての役割を担ったと言える。

4．音楽教育法としてのリトミックの再認識

　板野がリトミック留学をする以前の1949年に、広島の音楽教師の太田が主宰した講習会で小林のリトミック講習を受けていたことは、4章の2節において明らかにしている。一方の小林にも、後日、広島の中学の教師がニューヨークへリトミック留学をしていたことは耳に入っており（4章3節参照）、この時小林はリトミック留学生が板野であることは知らなかったが、後に小林と板野は国立音楽大学で同僚となったのである。また、小林の教え子である斉藤によると、天野はパリへの留学前にリトミックを学びに行きたいと小林に相談をしに来たという。その後、小林の教え子らも、「天野式リトミック」を見学しに日本女子体育大学で行われた夏の講習会に参加した。天野は教え子の永倉を、ニューヨークのダルクローズ学校へ学ばせるために出資している。ニューヨークのダルクローズ学校は、板野が留学をした先であった。小林、天野、板野の3者はそれぞれの取り組みに違いはあるものの、お互いの存在を認め合っていた部分がある。

　ここでは、小林、天野、板野の3人による我が国へのリトミックの導入の取り組みを通覧してきた。この時代以前の日本においては、歌舞伎、演劇、舞踊等の身体運動を活用する分野の関係者らがそれぞれの領域において紹介をし、リトミックを活用してきたという流れがあった。しかし、小林、天野、板野の3人によって、リトミックを教育に活用し、音楽教育法としてのリトミックという本来の姿に戻す取り組みがなされたといえる。結果として、小林はリトミックの紹介者、天野はリトミックの普及者、板野はリトミックの理論の探究者としての役割を果たし、音楽教育法としてのリトミックを日本に導入したと言えるのである。

注及び参考文献

1) 歴史的背景は次の 2 冊を参考にした。
   名倉英三郎編著（1984）『日本教育史』八千代出版
   古沢常雄・米田俊彦編（2009）『教育史』学文社
2) 小林宗作（1926）「幼稚園教育の可否に就て」『全人』34号、成城学園、pp.78-79
3) 黒柳徹子（1984）『窓際のトットちゃん』講談社、p.36
4) 小林宗作（1938）「幼な兒の爲のリズムと教育」、岡田正章監修（1978）『大正・昭和保育文献集』第 4 集所収、日本らいぶらり
5) 美輪明宏氏への聴き取りは2011年10月13日、立正大学大崎校舎で行った。
6) E. J＝ダルクローズ著、山本昌男訳、板野平監修（2003）『リズムと音楽と教育』全音楽譜出版社、p.vi
7) 小林宗作、他共著（1928）「同人百面相」『教育問題研究・全人』第24号、pp.106-115
8) 「ダルクローズの韻律教育」のタイトルには「氏」が付けられていない。(2)～(5)については表記の通り。
9) 佐野和彦（1985）『小林宗作抄伝』話の特集、年表
10) 小林宗作（1948）「幼児のためのリズム音楽　舞踊の教育」ガリ版刷り
11) 小林宗作（1955）「幼児のためのリズムによる教育―リトミック―」ガリ版刷り、p.2
12) 天野蝶「私の十代」二階堂高校新聞第12号（発行年不明）
13) 貞静学園新聞第16号（1964）
14) 小林恵子からの提供資料による。
15) よみうり新聞（1966、日付不明）
16) 朝日新聞（1969.9.15）
17) 総務省統計局26－3「Newspaper Circulation（1941-2006）」http//www.stat.go.jp（2013.11.10閲覧）
18) 山本昌男への聞き取りは2013年 6 月17日、新宿にて行った。
19) 山本はラジオを省略してＲと記している。
20) 特定の人物を名指しするものではないが、文中の＊＊＊の部分は伏字とする。

第1章 リトミックの紹介者"小林宗作"

第1節 小林宗作によるリトミック導入と新渡戸稲造による示唆

1．小林宗作研究の課題と設定

　本節は小林宗作（1893-1963）と新渡戸稲造（1862-1933）の関わりに注目し、両者の音楽教育観を検討することを目的としている。幼児教育研究家の小林は、小学校の教員時代に音楽教育のありように疑問をもち、西欧の音楽教育法を見聞するために渡欧した。その際、新渡戸からリトミックについての示唆を受けたとされている。それまで日本では舞踊や演劇などの身体表現の分野においての紹介や実践がなされていた。

　これまで小林のリトミック教育については小林恵子（1978）[1]、佐野（1985）[2]、福嶋（2003）[3]らによる人物研究、導入史研究がなされてきた。そこでは、小林が国立音楽大学附属幼稚園の初代の園長も務めるなど、我が国の音楽教育の進展に貢献したことや、成城学園やトモエ学園での教育実践の特徴が明らかにされている。それらのことから、小林はリトミックを日本で初めて音楽教育として導入した人物であるという評価を受けている。

　一方、新渡戸は農政、産業経済学者であり、旧制第一高等学校の校長、東京大学、京都大学の教授、東京女子大学、東京女子経済専門学校（現在の新渡戸文化学園）の初代学長等を務めた教育者でもある。新渡戸は国際連盟事務次長の任を務めた国際人として活動し、アメリカで発刊された *Bushido : The Soul of Japan*[4]では日本人の文化や精神修養について洞察した。この著書によって海外にも誇るべき日本人の倫理観を示したのである。

　新渡戸研究は農学、政治学、哲学、教育学、歴史学等広範に亘るが、彼の

教育論を音楽教育の視点から論じた研究は見当たらない。また、リトミックの移入史においても、小林と新渡戸との関わりについての詳細は触れられていない。両者の関わりから新たな事実を見出し、音楽教育観を検討することは、日本のリトミックの歴史研究の一端を明らかにするための課題でもある。

ここでは小林がリトミックを知ったきっかけに着目し、新渡戸の関係者からの聞き取り調査[5]から得た資料を基に、リトミックに関わる小林と新渡戸の役割を明らかにしていく。新渡戸の業績、活動についての研究報告は、新渡戸の生誕150周年を迎える2012年に向けて、益々盛んになった。新渡戸自身は幼小の頃から自分には音楽の才は無いとし、音楽に関心を示したりすることは無かったとも言われているが、新渡戸の著作や残された記録には音楽、そして身体運動に関する記述なされている。

リトミックを紹介した側の新渡戸と、新渡戸の進言を受けて日本の音楽教育にリトミックを移入した小林の両者がどのような音楽教育観を持っているのかを検討することは、明治、大正から昭和初期における日本への教育と文化の移入の一端を探るものとも言える。

2．小林宗作とリトミックとの接点

小林が音楽教師として初めて教壇に立ったのは1911（明治44）年の18歳の時であり、文部省から『尋常小学唱歌』6巻が出された年である。小林は東京市小学校訓導を経て1916（大正5）年から1年間、東京音楽学校（東京藝術大学の前身）乙種師範科にて学び、その後再び東京府小学校訓導、東京市小学校訓導、成蹊学園小学部訓導として音楽教育に携わった。小林は当時の音楽教育に少しずつ疑問をもち始めた頃、三菱財閥の岩崎小弥太男爵（1879-1945）から海外留学資金を受けることとなり、1923（大正12）年6月に渡欧した。彼は第1回目の渡欧に至った心境を次のように述べている。

私のなやみ／かつては理想の音楽教師を夢に見てずゐぶん勉強したつもりだった。(中略)最後の五年間は遂に私をして音樂教師たるにたえられなくした。(中略)何をなやんだか／(中略)私は全くゆううつになった。／何故音樂だけがいつまでも、ポッポッポー……ハイッ／ドレミファー……ハイをやつてゐるのか。／(中略)とに角先進國欧米を見てから……さう思つて日本を後にしたのであった、どうなるか見透しの付かない事であるが故に、目的をあいまいにして日本を發つたといふのが眞實である[6]。

　大正・昭和前期は土川五郎の遊戯が提唱されていた。音楽に身振りを伴う行進遊戯や律動遊戯等がそれである。土川は「凡ての事に、子供を大人と同じ様に律する弊は多い。遊戯にも其弊が表れて居る。小さい子供に曲線の柔らかさを出させて喜ぶ様な事や、大人の表情を直ちに子供に用ひたりする、丁度子供に大人の着物を着せた様で可哀想である」[7]と、子どもによる遊戯の表現が大人のお仕着せにならないよう助言を記している。しかしながら小林による「ポッポッポー……ハイッ」「ドレミファー……ハイ」という授業の描写からは、教師の視点から「決められたことを教える」という現場の様子が浮かび上がってくる。また、当時の唱歌教育では子どもの視点からの「学ぶ教育」、または子どもの個性を「引き出す教育」という児童中心主義の教育の域に未だ達していなかったことが見て取れる。さらに小林は「ピアノのマーチに合せて律動遊戯やら表情遊戯等が行はれる。(中略)表情遊戯に至つては、どう考へても不思議な存在だ。数年來淺學なるわたしにはどうしても説明がつかないのである」[8]とも述べており、小林が当時の音楽と動きの活動に何らかの不十分さを感じ取っていたことが判る。

　この時期、小林は我が子が一日中何かを口ずさみながら自然に身体を調子に合わせて動かし楽しんでいる様子を目にしている。そして、自分が目指す音楽教育の方向を探るヒントが幼児教育にあったと述べている。幼児期に見

られる自由な表現の発露を音楽教育で引き出す方法を検討する必要性に気づいたことが、小林自身の「出直せ…という声が聞こえる」[9]という心のささやきの原点になったのではないかと思われる。

1900年前後の我が国は欧米の自由教育思想が広まった時期である。1919（大正8）年にアメリカの教育学者デューイ（Dewey, J. 1859-1952）は日本での講演のため招聘されている。デューイは来日してすぐに新渡戸宅に旅装を解き、文部省の訳出の『学校と社会』が各地でどの程度まで実現し得るかを見聞して歩いた[10]。このようなことからも日本の教育現場に新たな教育が求められていたことが判る。新しい自由な教育を希求する当時の風潮が、小林に「何故音樂だけがいつまでも…」と疑問を抱かせることにもなった。しかし、小林が渡欧前の12年間で抱いた音楽教育の在り方についての疑問への解答は、彼の周辺に見出すことはできなかった。小林はこのような状況の中で生まれた漠然とした悩みを抱えたまま渡欧したのである。何から学ぶべき先ずその目的を明確にすることが小林の課題であった。

3．小林宗作にリトミックを紹介した人物

小林は渡欧してリトミックを知った経緯を記しているが、その記述は2つ存在する。「スイッツルでイーストレーキ氏にお目にかゝりました時氏から始めてダルクローヅ氏の方法が非常に面白いといふことを伺ひました」[11]、「大正十二年の七月、ジュネーヴで新渡戸博士にすゝめられて始めてリトミックを知った」[12]、どちらの記述にも「始めて」と表記されているが、この部分の詳細は現在までに収集した資料からは確認できていない。いずれにしても小林は渡欧した後に初めてリトミックを知り、複数人からリトミックを紹介されていたことが判る。両者と小林との接点についても若干の検討を加えたい。

3-1　イーストレーキとの接点

　筆者の知るところ、小林に関わる資料内において、イーストレーキの名は「ダルクローズ氏の新音樂教育法（リトミック）」[13]に記されているのみである。明治から昭和初期にかけて、3代続く親日家として著名な「イーストレーキ氏」が存在する。「日本の近代歯科医学の父」と呼ばれた歯科医師、William Clark Eastlake（1834-1887）は1865年（慶応元年）に横浜に来日し、日本で最初に歯科診療を行った人物とされている。その息子 Frederick（Frank）Warrington Eastlake（1856-1905）はアメリカ合衆国出身の英語教育家で、2歳の時に W.C.Eastlake に伴われて来日している。F.W.Eastlake は「日本の英語教育の父」と呼ばれ、教え子総数10万人、著作数は100冊と言われる人物であり、*Heroic Japan*[14]を著している。彼らは帰化して東湖と号するほどであった。孫の Roland Pascal Eastlake（生没年不明）は慶應義塾大学教授であった。

　当時「イーストレーキ氏」といえばこの3者のいずれかを指し、小林が渡欧した年代と照合すると R.P.Eastlake のことであると推察される。しかしこの部分に関しては、R.P.Eastlake の渡欧の事実も資料からは確認出来ず、年代から判断するのみであり、あくまで仮説に留まらざるを得ない。小林とイーストレーキとリトミックの接点に関してはこれからの研究の課題として残る。

3-2　新渡戸稲造との接点

　小林と新渡戸との出会いについては、先行研究の中に渡欧する船上で出会ったとされる説[15]が存在する。小林の記述にはジュネーヴで新渡戸に会ったと記されているが、この部分は小林の記憶違いであった可能性が高い。小林の部分は佐野（1985）による『小林宗作抄伝』の年表から、新渡戸の部分は新渡戸基金事務局長である藤井氏編纂の草稿[16]から抽出し、両者の出入国の時期を照らし合わせた。

〈小林〉
・大正12年（1923）6月、第1回ヨーロッパ留学に横浜港より出発。
・大正14年（1925）4月、帰国。
・昭和5年（1930）3月5日、第2回ヨーロッパ留学へ出発。
・昭和6年（1931）1月17日、帰国。

〈新渡戸〉
・大正8年（1919）7月、ブリュッセルを出発し、ドーバー海峡を渡っているとき船中で、後藤新平から「牧野伸顕から君を外交畑にはいるよう是非説得してくれと頼まれたよ」と話される。夜ロンドンに着いてクレアリッジに宿をとる。
・大正9年（1920）5月19日、国際連盟事務次長に就任。／11月6日、ロンドンを発つ。／11月6日、ジュネーヴに着く。
・大正10年（1921）ジュネーヴから5キロ郊外のジャントウの村に引っ越したのは、この年か。
・大正11年（1922）6月27日、小石川の新渡戸邸の庭園で女子英学塾同窓会が開かれ、アナ・ハーツホンらの永年勤続が祝われる（稲造は国際連盟にいて出席できず）。
・大正12年（1923）初夏、佐藤釗之助が稲造の勤務するジュネーヴの国際連盟事務局に訪ねる。
・大正12年（1923）8月半ば、欧州旅行中の南鷹次郎が国際連盟に稲造を訪ねたが会えず、残念がる。
・大正13年（1924）マルセーユ港から日本へ向かう。インド洋回り。船は白山丸。12月8日、神戸港に着く。
・大正14年（1925）2月19日、神戸港を出発。船は賀茂丸。3月26日、新渡戸夫妻、マルセーユ港でシドモア女史に迎えられる。
・昭和2年（1927）2月3日、シドモア女史らに見送られ、夫妻でマル

セーユ港を発つ。船は香取丸。3月16日、神戸に入港。京都の都ホテルに宿泊。
・昭和5年（1930）3月24日、普連土女学校第38回卒業式で講演。
・昭和6年（1931）1月16日、早稲田大学の大熊講堂で講義（演題は「欧米偉人群像」①）。

　上記に見るように、新渡戸は1919（大正8）年に船を下りてから6年間、日本へは戻っていない。次に帰国したのは1924（大正13）年である。2度に亘る小林の渡欧の往復の日程と新渡戸の日程は一致せず、船上説は否定することができる。小林と新渡戸の出会いは偶然から起こったものではない。小林はただ漠然と不安のみを抱えて渡欧したのではなく、渡欧した先で示唆を受けるならばジュネーヴの新渡戸の下である、と熟考しての訪問であったとも考えられる。記録に見る通り、新渡戸を訪ねる訪問者らはジュネーヴの国際連盟事務局に出向いている。小林も同様に国際連盟事務局に新渡戸を訪ねたと想定できるが、この部分にも更なる調査を加える必要があろう。

4．新渡戸稲造とリトミックとの関わり

　新渡戸はジュネーヴ滞在当時の1920年前後にはリトミックを知っていたと思われる。新渡戸の令孫・加藤武子氏はジュネーヴで祖父と祖母メリー（Mary. P. E. Nitobe）と一緒に暮らしていた。武子氏はジュネーヴにあるレマン湖のほとりにあった「レザマンドリエ」と名付けられた新渡戸邸宅に滞在していた頃を追想し、筆者にリトミックの思い出を語った。

　　あの頃、祖父母と一緒のピースフルな生活でした。祖母が兄と一緒にリトミックに連れて行かせろと…お手伝いしていた人に連れられて行ったんですの。床の間に裸足になり、ドドドーッと、轟く様な音で走り回る。足の先を蹴り上げるやり方等、まずは走れ！…その音が大きくて恐

ろしくて、私もその音を加えている一人だ、恐いことだ、って厭々であったが、そのうち慣れました。ムッシュ・ジャク=ダルクローズと他の先生からとも代わるがわる。それが日本に帰ってきたら、成城でリトミックをやっているということでその他大勢の皆の中に入って、またリトミックをやりました。小林先生はお優しい人でしたよ[17]）。

新渡戸の著作には武子氏がリトミックを習っていたという記録を見いだせてはいないが、聞き取りの内容からは、武子氏がジュネーヴのジャック=ダルクローズ（以下、「J=ダルクローズ」と記す。）学院で受けた活き活きとしたリトミックの授業の様子が伝わってくる。次は武子氏から筆者へあてられた私信である。

（…略）ジュネーヴ時代、ジャク・ダルクローズのリトミックの教室に孫達を行かせようと考えてそれを実行したのは祖母メリーであり、祖母付のメイドであったエレン・ギゲールとフェリシ・トレメージがかわるがわる私たち兄妹の送りむかえをしてくれました。（…中略）広い板の間の教室、レオタードを着せられてハダシで、板の間を力の限りのスピードで走らされました。足のつま先まで優雅にダンス風に歩くのはその次の段かいでした。日本に帰って成城学園に入りましたら小林先生がリトミックの教室を行っていました。それで又リトミックしました。（…後略）Takeko N. Katoh（91才）[18]

同時期にジュネーヴに滞在し、新渡戸家と親密にしていた日本人の子どもは、新渡戸の愛弟子であり親友であった後の文部大臣、前田多門の子ども4人（当時、陽一氏12歳、美恵子氏9歳、勢喜子氏7歳、とし子氏2歳）である。彼らは武子氏の兄・誠氏と共にルソー研究所には通っていたが、J=ダルクローズ学院には通っていない。これまでに渡欧してリトミックを見聞した日本か

らの留学生（成人）は何名かいるが、直にJ=ダルクローズからリトミックの手ほどきを受けた日本人の子どもは、誠氏（当時7歳）と武子氏（当時5歳）兄妹の他に名が挙げられていない。誠氏は、武子氏よりも飛んだり、跳ねたりしていてリトミックが好きなようであったという。

　武子氏はジュネーヴのJ=ダルクローズ学院でのリトミックについて「力強く走る」、「飛んだり跳ねたり」、「足のつま先まで優雅に歩く」という身体運動を通した鮮明な記憶として語っている。また、「自分が体格の大きな西洋人の中に混じっても、物おじしないでいられるのは、あの頃の経験があるからでしょう」とも述べた。J=ダルクローズから直接受けた教育内容も演奏技術の習得ではなく、身体運動を伴うことによって豊かな感受性や気質を育てることが中心となっていた。

　このようなことから、新渡戸が孫達のリトミックの様子を耳にすることもあったと思われる。武子氏によると、孫達のことは全て新渡戸と妻メリーが話し合って決めていたという。子ども達への教育、幼児教育に対する関心を持っていた新渡戸が、リトミックを知ったのは自然なことであったと言える。

　スイス、ドイツ、アメリカでは当時からJ=ダルクローズのリトミックは高く評価されていた。小林は「リトミック――とは現代欧米に於いて最も勝れた藝術教育者として知られている（有名なること寶に想像以上である）ダルクローツ氏の草案せるものであつて…」[19)]と、リトミックが世界に広く知られていることを記している。

　小林と新渡戸の縁は、ジュネーヴでリトミックを紹介してもらったことで終わったわけではない。新渡戸は日本へ帰国後、小林の下へ武子氏を連れて行ったのである。武子氏は、成城学園に通う手筈を整えたのは祖母メリーではなく、祖父である新渡戸が学園に話をしに行った、と語っている。このことから小林がジュネーヴでリトミックを学び帰国したことを新渡戸が評価していたと言える。武子氏はジュネーヴではJ=ダルクローズに、日本では小

林からもリトミックを習うという貴重な体験をしたことになる。小林自身も新渡戸からの高い評価を得たという確信を持ったのではないかと思われる。ここに小林と新渡戸との第2の接点を見ることができる。

また、新渡戸は小林以外にも複数の人々に対してリトミックの話をしていたようである。その中の一人に早稲田大学第10代総長、村井資長（1909-2006）の名が挙げられる。村井は千葉県の市川市の村井幼稚園の理事も務めていた。村井幼稚園では早くから園児達にリトミックを採り入れた教育を行っていた。村井は新渡戸からリトミックはどのような教育法であるのかを数回聞いているという[20]。ニトベハウスと呼ばれた小日向の新渡戸邸（写真1）には内外の訪問客が訪れており、新渡戸は「我が国の思想や文化を西洋に、西洋のそれを我が国に紹介することに努めた」（写真2）[21]とある。

新渡戸が小林へリトミックを紹介したこと、ジュネーヴで武子氏がリトミックを習っていたこと、日本へ戻った後も、武子氏を成城学園の小林の下

（写真1）東京都小日向の新渡戸稲造旧居跡

（写真2）文京区教育委員会による説明立札

へ通わせリトミックを学ばせたこと、知人である教育家の村井にリトミックの話をしていること、これらのことを鑑みると新渡戸がリトミックを有効な教育法であると認識し、関心を持っていたといえる。

5．新渡戸稲造の音楽教育観

　ここでは新渡戸の著作にみられる音楽教育観に関わる部分について検討する。新渡戸は自身の著作に、西洋の思想、宗教、文学のみならず、老荘、儒学、仏教、神道、和歌などを引くことも多い。その中にJ=ダルクローズと関わりのある人物の名が挙げられている。

　　　言語については俚歌童謡の研究もまた必要である。ビュウヘルのごと
　　　きは、音楽はそもそも労働から出たものだといっている。なるほど我が
　　　国の田植え歌のごときは、全くその労働を軽くするためのもので、今で
　　　も山陰道などでは、田植えに烏帽子などをかぶって歌いはやす習慣が
　　　あって、（中略）ビュウヘルが、歌は労働より出で、しかして音楽とな
　　　り、また進んで演劇となれりと論ずるに根拠があるのである[22]。

　山陰の田植え歌の例えの後には、新渡戸がジャワへ訪問した際、道普請の労働者が持ち上げた臼状の石と破竹で調子をとる「ドシン」「カチカチ」のリズムや拍子から、東京の木遣りを彷彿とさせたことも記されている。
　上記に名が挙げられている「ビュウヘル」は『労働とリズム』[23]で音楽の労働起源説を説いた後期ドイツ歴史学派経済学者、カール・ビューヒャー（Bucher, Karl 1847-1930）である。田園都市ヘレラウの祝祭劇場・リトミック学院の運営責任者ヴォルフ・ドールン（Dohrn,Wolf 1878-1914）は、その定礎式においてビューヒャーの著作を援用し、「リズムが集団を秩序付け、集団の力を増大させる」ことを重要と見なして講演をした[24]。
　『労働とリズム』の第一章から第五章までは労働とリズムとの関係につい

て述べられている。次いで「第六章　遊戯その他の身體運動のための歌」「第七章　詩及び音樂の起源」「第八章　婦人労働と婦人詩」「第九章　經濟的発展原則としてのリズム」では独創的な理論が記されている。この著書の中でビューヒャーが強調しているのは、リズムの社会的及び経済的効用である。農政、産業経済学者、女子教育者としての新渡戸が、各地方で唱われている歌や生活の中のリズムが言語に結びついていくことや、音楽のリズム等が演劇などの表現芸術に結びついていくことについて、ビューヒャーからの知識を得ていたことが判る。

『随想録』では"教育のニトベ"とも評された新渡戸の教育の理念が述べられており、「教育の目的とは、第一職業、第二道楽、第三装飾、第四真理研究、第五人格修養の五目に岐れるのであるが、これを煎じ詰めて言わば、教育とは人間の製造である」[25]の部分に彼の音楽教育観を見ることができる。第1の目的は将来の職業に結びつく内容を持つ教育、第2の目的は趣味としての学問すなわち芸術教育、第3の目的は人生の装飾のための教育、第4の目的は真理の探究の為の教育、第5の目的は人格を高尚にするための教育を説いたものである。

新渡戸はあらゆる分野への教育の有り様に言及している。これらの目的を持つ教育が人間形成、人格形成をなし得る「修養」の基盤であるという考え方である。また、新渡戸は『武士道』の中で女子教育における芸術教育の目的を述べている。

　　吾人は前に青年の教育について、芸道は常に道徳的価値に対し従たる地位におかれたことを見たのであるが、同一の観念が女子の場合にもまた現れている。音楽、舞踊は生活に優雅と明朗を付加するをもって足るとなし、決して虚栄奢侈を養うためでなかった。（中略）／我が婦人の芸事は見せるため、もしくは出世のために学んだのではない。それは家庭の娯楽であった。（中略）彼らの教育の指導精神は家事であった。旧

日本婦人の芸事の目的は、その武芸たると文事たるとを問わず主として家庭のためであったと言いうる[26]。

新渡戸は芸術の学びが道徳の学びに準ずると考え、女性も青年と同じく、芸術を学ぶことが求められると述べた。実際に新渡戸自身は日本に帰国後、妻メリーのためにドイツからピアノを輸入し、令孫武子氏にはヴァイオリン教育も受けさせている。女性にとっての音楽教育は、礼節や自愛を持って潤いのある家庭をつくりあげるためであり、娯楽、趣味を通して人格形成を成すことができると考えていた。

さらに新渡戸は精神修養について述べている。「婦人の教育および地位」の章では武士道の精神を持つ婦人の徳について語った文に続けて、下記の様に記している。

　　男性的なることのみが我が国女性の最高理想であったとの観念を読者に与えることは公平ではない。大いにしからず！芸事および優雅の生活が彼らに必要であった。音楽、舞踊、および文学が軽んぜられなかった。我が国文学上もっともすぐれたる詩歌の若干は女性の感情の表現であった。実際婦人は日本の美文学史上重要なる役割を果したのである。舞踊（私は武士の娘のことを言っているのであって、芸者のことではない）が教えられたのは、ただ動作の角を滑かにするためであった。音楽は彼らの父もしくは夫の物憂き時を慰めるためであった。したがって音楽を習ったのは技巧のため、すなわち芸術そのもののためではなかった。その窮極の目的は心を清めることにあり、心平かならずんば音おのずから諧わずと言われた[27]。

音楽教育で成すべきは演奏技術や技巧の訓練ではなく心情の育成なのである、という新渡戸の音楽教育観がここに表れている。新渡戸のこの理念は、

J=ダルクローズがリトミックの目指すものとして、神経組織を再教育し、精神の落ち着き、内省力、集中力を養うことを述べている部分[28]に呼応するものである。J=ダルクローズは「芸術によって心を浄められたすべての人々は、身体の中に、意識との共同者、高貴で健康な動作による意思と想像力の発現者を見出し、身体を叡智、美、藝術、純潔の道具として崇めるであろう」[29]とも述べている。音楽教育は演奏技巧の習得のみに留まるものではなく、心と身体の両側面の教育をも担うものである、とした両者の考えには共通の部分も見出される。

6．小林宗作の音楽教育観

小林は日本の音楽教育に必要なものは何であるのか、2度に亘るリトミック留学で音楽教育の核を見出し、著作としてまとめている。ここでは「綜合リズム教育概論」と「幼な児の爲のリズムと教育」から、小林の音楽教育観を①リズム教育　②心と身体の調和　③感受性の育成　④人格を高める　の4点に着目して分類した。

①リズム教育

小林はリトミックで学んだ内容と日本の音楽教育の現状とを照らし合わせ、その不完全さを埋めるためにはリズムを学ぶことが最も重要であると感じた。彼の論文中リズムの重要性を説いた箇所は多数あるが、特にその中でも注目すべき部分を取り上げる。

小林の論文中に「始めにリズムありき。（ハンス・ビゥロウ）」[30]と名の挙げられているビューローは、マティス・ルュシィ（Lussy, Mathis 1828-1910）の友人で、「アナクルーズ」研究への助言をした人物である[31]。小林はリズム研究をするにあたって、リトミックに関わる文献から学んでいる。実践と理論の双方から自身の考えを構築してまとめていった。

私は幼児教育の凡ゆる問題中、リズム教育は最も重要とすべきものと確信する。私は我が田に水を引く者ではない。元より私はリトミックを専門とするものではないのである。重要と信ずるが故にこそ研究を重ねてきたのである。私がリズム教育を重要とするのは次の如き理由からである。吾々の思想は如何なる事でもこれを實行に移す場合、肉體の運動、筋肉の運動を通さないでは不可能である、という事實に依つて先づ思想の表現に不自由のない様に肉體を訓練して置かなければならないからである。種を蒔く前に耕さねばならない[32]。

　J＝ダルクローズがリズムの重要性を述べているという言葉を単に引用するのではなく、小林自身がリズムの重要性を確信したところから述べているものだ、と強調している。小林は自分の考えたことを不自由なく表現することができる子どもたちを、リズム教育によって育てたいと考えていた。

②心と身体の調和
　大正から昭和への移行期は軍需に支えられて経済成長率も大幅に伸びた時代であった。教育現場でも未来を担う子どもを積極的に教育する必要性を感じていたであろう。小林は1939（昭和14）年にトモエ学園を開校し、校長として子どもたちの教育にあたった。
　「人間の體はすばらしく精巧な機械組織です、心はその運転手です」[33]、「リトミックは體の機械組織を更に精巧にする爲の遊戯です。リトミックは心に運轉術を教へる遊戯です」[34]という、リトミックをすることによって子どもは心の運転手になれるという解説は、音楽教育の専門家のみならず保育者へのアピールも視野に入れた言葉と捉えられる。
　小林の著書の中には、音楽教育の専門家以外の人々を対象に、「遊戯」や「体操」に置き換えてリトミックの解説をしている箇所が複数見られる。これはリトミックを遍く伝えたいという小林の情熱の表れでもあろう。自己の

神経、精神をコントロールすることができる子どもを育成することは、その時代が求めていることでもあった。そして、ピアノ等の芸術の技能に関しても、まずは身体と心のコントロールがなされていなくてはならないと述べている。

「ピアノの演奏や舞踊、絵や書等が下手だといふことは、即ち體が思ふ様にならないか、或は心に理解がないといふことです」[35)]とあるように、小林はリトミックで身体の神経組織に働きかけることにより、日々の出来事に柔軟に対応できる子どもを育てたいと考えていた。そのことは以下からも読み取れる。

> 先づ天分開発を企て、而して藝術的修養に依つて科學の進歩をうながし、リズム的教養に依つて身心の調和と發達を企て、最小努力を以って最大効果をもたらし、生活を頽廢より救ひ、人生と自然との同和をもたらすものである[36)]。

リズム教育によって人間的な発達を総合的に伸ばしていくことを目的として挙げている部分はJ=ダルクローズの記述にも見ることができる。

> 明日の教育は、改造であり、準備であり再適合でなければならない。すなわち、神経組織を再教育し、精神の落ち着き、内省力、集中力を養うと同時に、余儀ない事情から思ってもみなかったことを行うはめに陥っても、素直にそれに従い、厄介なこともなく反応でき、抵抗も喰い違いもなく自分の力を最大限に発揮できる備えを整えさせることが肝要である[37)]。

小林が述べる心と身体の調和は、リトミックの理念と一致する部分である。

③感受性の育成

小林は音楽教育で子どもの感受性を養うことの重要性も述べている。

> 文字と言葉に頼り過ぎた現代の教育は子供達に、自然を心で觀、神の囁きを聽き、靈感に觸れるといふ様な官能を衰退させたではなからうか。(中略)世に恐るべきものは、目あれども美を知らず、耳あれども樂を聽かず、心あれ共眞を解せず、感激せざれば燃えもせず……の類である[38]。

さらに子どもの教育の感受をプリズムになぞらえ、以下のように記している。

> 先づ子供達にプリズムを與(アタ)へよ、嘗(カツ)ては見ることの出來なかつた、嘗ては知ることの出來なかった世界を見ることが出來よう、知ることが出來よう。／幼年時代の感覚的興味はプリズムを通し、リズムの媒介に依つて、知的興味へと移行され、益々展開させるであろう[39]。

小林は子どもたちが多面的に捉えた物事を多岐に分析する力を養うために、リズム教育が必要であることを述べた。これらは、留学前に抱いた音楽教育のあり方への疑問に対して出した、自身の解答でもあろう。

④人格を高める

音楽を聴き取って身体を動かすことによって、子どもの「人格的個性の発達」[40]に寄与する、というJ=ダルクローズの教育理念に近い考えを述べている部分もある。

「然り體躁、即ち身振り之は心にある。(中略) 身振りを通じて心を讀むことが出來るならば、身振りの訓練に依つて、心をも育むことの可能が想像される」[41]、「總合リズム教育は・・・(中略) 且つ天分を改造し、リズミカル

な性格を作るものである。(中略)リトミックが個性を發揚し人格を高め、人と人とを協和せしめ、社會を高め一層深化せる文化社會をもたらすであらう」[42)]

　子どもの健全な心と身体を育成することが小林自身の教育理念の実現でもあり、音楽教育が果たすべき最も重要な役割であると考えたのである。

7．新渡戸と小林の音楽教育観の近似点

　新渡戸は「願わくは、われ太平洋の橋とならん」という言葉を以て語られる人物である。海外と日本の間における教育と思想の架け橋を目指した。新渡戸の家族がジュネーヴでJ=ダルクローズからリトミックを学んでいたこと、新渡戸自身もリトミックに関心を寄せていたことが明らかになった。また、新渡戸の音楽教育観にはカール・ビューヒャーのリズム論を見出すことができ、彼の述べる教育の目的の中には音楽教育の重要性が示唆されていることも明確にできた。その重要性とは、音楽が人格形成に寄与するというものである。小林が新渡戸から紹介され、結果的にリトミックを学ぶ決意をしたのもこの教育理念に納得したからであろう。人格形成を目指す音楽教育法を日本でも実践することが肝要であるということが、小林へ与えられた新渡戸からの示唆であった。

　小林は日本の音楽教育に何が必要なのか漠然とした不安を抱いたまま留学をしたが、その解答はリトミックと出会うことによって得られたと見てよい。小林にリトミックを紹介したことも新渡戸の功績の一つといえよう。帰国後の小林はリトミックを活用した音楽教育を通じて、人格を高め、社会を高めることを、自らの音楽教育の理念としたのである。

　5項の②に見られる様に、小林は演奏技術の向上についても触れているが、その後の部分で「ダルクローズ氏のピアノ即奏法に於ては之等タッチに於けるテクニックの指導に就ては全く行はれてゐないのである」[43)]と述べている箇所も見受けられ、J=ダルクローズ研究の途中の段階での見解であっ

たのではないかと思われる。しかし、リズムの重視、精神と身体の調和、感受性の育成、人格の向上という小林の音楽教育観はJ=ダルクローズの理念や新渡戸の教育観と近似のものである。

小林にリトミックを紹介し、近似の音楽教育観を持っていた人物として存在したのが新渡戸であった。新渡戸は音楽教師である小林にリトミックを紹介することにより、日本におけるリトミックの移入史上重要な役割を果たし、リトミックが音楽教育法として普及する結果へと導いたのである。

第2節　小林宗作の提唱した綜合リズム教育

1．小林の「綜合リズム教育概論」

小林宗作は1923年と1930年の2度に亘って渡欧し、リトミックの他にもいくつかの教育法を見聞している。帰国後には学びの成果を教育実践に活用し、その後の研究と合わせて論文や翻訳、さらに講習会のテキストなどとして著している。

その中でも「綜合リズム教育概論」[44]は小林の理念を著している重要な論文であり、明治以降の保育を洞察する際に大きく寄与する主要な文献を集めた『大正・昭和保育文献集』[45]に所収されている。「綜合リズム教育概論」の内容には、J=ダルクローズのリトミックの原理が導入されていると思われる部分が見受けられる。本稿では綜合リズム教育の内容と構成を再検討していくことにより、小林の提唱した綜合リズム教育の原理に、J=ダルクローズのリトミックがどのように関わっているのかを明らかにすることを目的とする。

2．「綜合リズム教育概論」の分析

綜合リズム教育について、小林恵子（1978）は「彼がリトミックの精神を児童教育に導入し、実際にやってみた結果提唱された言葉である」[46]と解説

している。また、坂田（1999）[47]、今村（2003）[48]らは綜合リズム教育の理念の検討を試みている。

「綜合リズム教育概論」に見る内容はリトミック単独を扱うものではなく、「ダルクローズ法」、「ボーデーのリズム体操」、「ルッシー氏のリズムの起元」、「デュデイン氏のリズムの變形法」等、複数の方法が彼の提唱とする綜合リズム教育の一部として紹介されている。
<small>ママ</small>

本節では「綜合リズム教育概論」の記述を中心に、綜合リズム教育の定義、綜合リズム教育の方法論、綜合リズム教育とリトミックの関係、小林が紹介したリズム論とリトミックの関係という4つの側面から分析していく。

2－1　綜合リズム教育の定義

ここでは綜合リズム教育に見られる小林の理論を検討していく。小林は「綜合リズム教育概論」を発表する3年前に「綜合リズム教育とは何ぞや」[49]という論を著している。その冒頭に綜合リズム教育の定義が述べられている。

　　　情操　唱歌　ピアノ　圖畫　手工　書方　詩　舞踊
　　　　　　　　等の
　　　各科共通要素の科學的分析をリズム學で整理せるもの
　　　各科に最少努力で最大効果をもたらすべき指導案
　　　各科を一つの原理で指導することができる新組織
　　　天分改造の道を開拓し、リヅミカルな性格を創造するもの[50]

大正8年に改正された尋常小学校の教科目[51]は修身、国語、算数、日本歴史、地理、理科、図画、唱歌、体操、裁縫、手工である。小林が述べる「各科」と文部省の「教科目」とは若干異なっているため同義的意味で捉えているのかという問題と、「指導案」という語が「綜合リズム教育概論」で

は使用されていない等、語句の扱いに関しては今後の検討を要するが、定義を示す4文の内容については、後に著した「綜合リズム教育概論」にこれらが詳細に説き記されている。

「綜合リズム教育概論」の序文には、「私が綜合といふ言葉を用ひたのはかかる狀態に子どもを導くことを希望して夢想するからである」[52]という記述がある。「かかる狀態」とは、その文章の前に述べられている事柄を整理すると、「五官の作用に不自由がなくなる状態」を指している。この「五官」は「綜合リズム教育とは何ぞや」では全く論じられていない部分である。小林は「五官」の記述に先んじて食べ物を見たときの目と口と鼻の感覚と反応、さらに目と口と耳に不自由を負った人物、ヘレンケラー[53]を紹介している。

これらのことを考え合わせると、「五官」とは目や耳などの器官を指すと解釈できると考えられる。小林は目や耳などの器官の機能を単独に高めるのではなく、五官全てを高めることを目指した教育であるという意味から「綜合」という言葉を用いたのである。綜合リズム教育は、外界の事物を感じうる五つの感覚器官（目・耳・鼻・舌・皮膚感覚）を十分発達させ、全身の感覚を自由にすることによって、「詩に音樂に或は繪畫に……といふ様に再現に不自由が無くなる」[54]ことを目的としている。

序文に続く「綜合リズム教育の提唱」では、「何かしら不安と焦燥に滿された時代である。ジャズ、空論、反宗教、社會主義、ファッショギャング、等々」[55]と当時の世相を評し、これまでの時代の社会には無かった事柄を挙げている。また、我々が不安になるほど目まぐるしく変化する時代を生き抜いていくために必要なものとして、小林は「感覺の清新サ、頭腦の聰明サ、道德觀の純敏サ」[56]が要求されること、これらを備えた「眞文化人」[57]になるためには「科學的頭腦と藝術的教養」[58]を用意すべきであると述べている。

これらの後に、J=ダルクローズの述べた言葉「最小努力で最大効果をもたらすべし」[59]を1ページ内において3度繰り返し紹介している。その次の

部分において「綜合リズム教育とはなにか」と前置きされた表は、小林の綜合リズム運動の原理が表されている極めて重要な部分である。小林は綜合リズム教育の原理を示した後に、定義を述べている。

　　　リズム、運動に依つて時間、空間、力の相互關係を肉體運動によつて體驗せしめ、その結果を、リズムの關する凡ての問題に適用し藝術的及科學的發達に資し心身調和並に及自然と人生との同和を企てた新教育法である[60]。

　小林は上記の定義の文に解説を加えている。原理の表にも記されているJ＝ダルクローズのリズム運動の要素（time, space, energy）が述べられており、定義にはリトミックの原理が応用されている。リズムについては「リズムの周期性や句頭法」[61]の原理によって整理する必要があると述べ、芸術的科学的発達に関する部分「凡ての學科／例へば音楽、舞踊、體操、圖畫、手工、劇、詩等」[62]であると解説されている。小林が述べる「凡ての學科」にリズム教育がどのように適応していくのか、その方法論が述べられている。

2－2　綜合リズム教育の方法論

　小林は綜合リズム教育について「自然界と吾々の生活との間に介在する諸相特に音樂、舞踊、體操ピアノ、美術、工藝等の諸教科に共通な原理に依つて最小努力で最大效果を齎すべき指導法」であると述べている。綜合リズム教育は、耳が関係する音、舌が関係する言葉、皮膚感覚が関係する型、さらに下層の部分には調和、濃度などの五官によって組織されている。この五官を「天分開発」するためには、J＝ダルクローズのリズム運動の要素（time, space, energy）を包括したリズム體操が有効であり、これらは聽覺、視覺によって「翻譯」されることが示されている。

　小林は綜合リズム教育の教授細目として、方法論を提示している。「時

間、空間、力の三つのものが如何様に如何なる問題に關係するかに就ての一例」[63]として、4分音符を拍の基礎として歩行をし、8分音符では駆け足で走り、2分音符ではゆっくり歩くという3種のステップを組み合わせることによって、リズムパターンの変化が起こり、「此等の變化に應じて肉體運動も變形される。これをリズム體操と稱ぶ」[64]としている。小林の述べるリズム体操とは、リズムパターンに合わせた、J=ダルクローズのリズム運動の要素を適応した運動の事である。その後に、リズム運動の要素を幾つかの学習に適応する方法が記されている。ここに、小林が「細目」として挙げている語を整理するために作成した表を載せる。

(表1）小林が分類したリズム運動の学習方法の細目

時價関係（Time）が適応される細目	力の量（Energy）が適応される細目
歌唱教授	唱歌の基本練習
ピアノの学習	ピアノ
線の研究	線の運動
造型	造型リヅムの研究
色彩	色彩リヅム
言葉	
表現運動	

(2013年板野作成)

　小林は時價関係を述べる箇所に色彩について示しつつも、「色は時間に關係ないから此處には扱へない」[65]としている。また、表現運動については「主として力に關する問題であるから次の研究の場合に述べることにする」[66]としているが、力の量が適応される細目の部分ではその説明はなされていない。さらに、力の量が適応される細目の解説の後に「かくの如くして時間と力空間との數學的組立の研究は種々な問題に關係を起すといふ原則は略理解せらるゝことゝ思ふ」[67]と述べているが、空間（space）の適応は項目として

立てられておらず、ピアノの部分の一部と造形リズムの研究に空間に関係すると解釈できる説明が混在している。

　小林はページを進めて綜合リズム教育講座の全組織の標記を示しているが、標記された語句の統一がなされていない事や、「綜合リズム教育講座の全組織は次の如くなる豫定である」[68]と述べられていることなど、若干不完全さを感じる部分がある。これらを鑑みると、1932年に「綜合リズム教育」を著してから3年後の時点においても、この方法論は構築されていく途上にあったのではないかとも思われる。

2－3　綜合リズム教育論とリトミックとの関係

　ここでは綜合リズム教育論にリトミックがどのように関わっているのかを検討していく。

　序文で小林は「五官はそれぞれ何等かの條件に依つては何等かの共感的作用があり得る」[69]と述べている。J＝ダルクローズが内省的な諸感覚について述べている文を以下に記す。

　　　感覚、情感、知性の全てにわたる喜びの永続的な状態を保ち続けることは、必ず子どもの想像力や藝術的資質を発揮しやすくなる。なぜなら、美に対する感動は、感覚の繊細さ、神経組織の感受力、精神の柔軟性の賜物だからである。（中略）芸術は、空想、内省、情感が一つになって生み出される。内省は、空想を鎮め、姿形を与える。空想は、姿形に活力、生命力を与え、情感は、感覚、内省、創造の産物を気高いものに高め、感じ取りやすくする[70]。

　ここに見られるように、J＝ダルクローズはリトミックが音楽能力のみならず、様々な内省的感覚に影響を与えると述べている。そして、この後には以下の文章が記されている。

絵画芸術、建築芸術、彫刻芸術に関しては、線、色彩、光と影、浮き彫り、群像化といった表現法を教える学校があるだけでは十分ではない。その上さらに、その学校の生徒たちは、自分の存在全体の中に、立ったり、座ったり、均衡を保ったり、調和をとったり、彫刻家、建築家、画家等の記念碑や作品に生命を吹き込む、リズミカルな動きの感じ取り方を学ばなければならない[71]。

 小林は音（ピアノ・聲）、言葉、型（身振り・型・線）、色彩等に適応しうるものが「綜合リズム教育」であると提唱している。これらがJ＝ダルクローズのリトミックの理念で述べられている事項に極めて近似のものであることが判る。
 また、「綜合リズム教育の提唱」の冒頭に記されている「"リトミックが全世界の子供たちに教へられたら一層洗練されたる人類を生むであらう"（ダムロッシュ）」[72]という部分は、ジョー・ペニントンのが著した *The Importance of Being Rhythmic*[73]（ダルクローズの律動教育）にウォルター・ダムロッシュが寄せた序文の一部である。小林はペニントンの著書からもリトミック研究を行っていたことが判る。この章で繰り返し述べられている「最小努力で最大効果をもたらすべし」という言葉はJ＝ダルクローズの『リズムと音楽と教育』の第5章で述べられており、ペニントンの著書においても紹介されている。
 「リズムに依る教育について」の章では、「リズム」の上に「リトミック」とルビが降られ、J＝ダルクローズの略歴とリトミックの起源が紹介されている。先の章と同じくペニントンの著書の序文としてダムロッシュが寄せた文章と、米国においてリトミックが普通教育及び盲人教育に採りいれられていることが紹介されており、この部分もペニントンの著作を参照していると思われる。
 続く「ダルクローズ式リズム體操」は、J＝ダルクローズによる論文集『リ

ズムと音楽と教育』の序文、5章の論文「リトミック、ソルフェージュ、即興演奏」の一部を小林が訳出したものである。特に以下の文に注目したい。

　　繪畫、建築、彫刻、藝術に關してこれを云へば、それ等の學校では單に、線色、光、影、凹凸、配合のみを教へる許りでは足りない。更にの〔ママ〕生徒たちは、彫刻、建築、繪畫の作品を立たしめ、平均をとらしめ、調和せしめ、それらに生命を賦興するリヅムの運動を自己の裏に感ずることを教へなければならない[74]。

　この訳文の内容は先に検討した小林が提唱した「綜合リズム教育」と極めて近似であることが見て取れる。これらのことから、リトミック研究を追求していく過程において、小林自身のリズム教育の理念がJ=ダルクローズの述べるリトミックの理念と同化していくことになったのではないかと考えられる。論文の一部とはいえ、小林は我が国で初めてJ=ダルクローズの原著論文の訳出をし、紹介するというリトミック導入史上重要な役割を果たしていたことは特筆に値するものである。

2－4　小林が紹介したリズム論とリトミックの関係

　小林は「綜合リヅム教育概論」の結語において、「之等の新研究を織込むならば、それこそ全く完全無欠なる理想の音樂教育法であるといふことが出來よう」[75]と述べている。リトミックに新研究を"織り込んだ"ものが綜合リヅム教育であるのだろうか。ここでは小林の綜合リズム教育とリトミックの関係を検討していく。

　筆者は小林の教え子らが「綜合リズム教育」をどのように捉えていたのかを、聴き取る機会を得た。聴き取り協力者は齋藤道子である。齋藤は小林が昭和17年に東京市と折衝して作った保母養成所に入った後、トモエ学園に残り、当初から小林の教え子であった奥寿儀とともに幼稚園児のリトミック指

導を担っていた人物である。以下は齋藤からの聞き取りの一部である。

　　小林先生はダルクローズがパリに出張で来ていて、リトミックの講座を開いているところに行ったのです。ヨーロッパは様々な思想を持っている人がいますから、色々な話をあちらこちら駆けつけていって聞いて、実験したり、ピアノの集団レッスン法なども見聞きしたのです。いつも「最小の努力で最大の効果を」とおっしゃっていました。小林先生は発想が豊かで、良い理論を混ぜて、さらに自分の考えも合わせて総合リズム教育を編みだしました。リトミックの中にボーデーの表現体操を採りいれ、動きを厳しくやりました。ダルクローズのリトミックの身体の使い方にボーデーの体操を混ぜて行ったのです[76]。

　齋藤の述べる内容から、小林が提唱した綜合リズム教育の内容は、リトミックの方法のみではなかったこと、また、当時の新しい教育法や小林の考える方法を"合わせたもの"と捉えていたということが推察できる。
　「綜合リズム教育概論」の構成を見ると、「リズムに依る教育に就て」と「ダルクローズ式リズム體操」が紹介されており、この2本はJ=ダルクローズの人物とリトミックの成り立ち、そして論文の一部を小林が訳出して紹介している。
　次に続く「リズム論」の章ではマティス・ルシィの *Le Rythme Musical*[77]の一部を「リズムの起源」として紹介している。マティス・ルシィはJ=ダルクローズが「わが同胞にして、現代最高の理論家の一人」[78]と認めたリズム論の師である。ルシィの理論はJ=ダルクローズの核となったものである。その後にデュディンの「リズムの變形法」が紹介されている。リズム論ジエオリトミー（Georythmies）を提唱したジャン・デュディン（Jehn d'Udine）は、元々はJ=ダルクローズの弟子であった。1909年にはパリにリトミックのフランス学院を創設、1911年にはヘレラウでの講習会での審

査委員会の名にデュディンの名が連ねられていることから、リトミックの理念を共に追求した同僚でもあった。

　小林は続けて J=ダルクローズの「リズムへの入門」を紹介し、リトミックの原理を文中で述べている。また、補足の章で名を挙げているボーデー (Rudolf Bode, 1881-1970) は、1910年から1911年までヘレラウのダルクローズ学校に学び、その後にミュンヘンでリズム体操の講習会を始め、ボーデ[79]体操学校を創設した人物である。

　さらに小林は J=ダルクローズの「造型リズムの練習法」と「舞踊改革論」が存在することを示唆している。

　以上のように「綜合リズム教育論」の構成を概観すると、確かに J=ダルクローズのリトミック以外のリズム論が挙げられており、小林の提唱した綜合リズム教育は、リトミックの理論と他のリズム論が"合わせられ"、"織り込まれた"ものであるという印象を受ける。しかし、ここで挙げられているリズム論者や身体表現の研究者等は、いずれも J=ダルクローズのリトミックの理論と実践に通ずる者達であったことからすると、「綜合リズム教育概論」そのものの核はリトミックであり、小林の音楽教育理念は J=ダルクローズのリトミックの理念から派生し、展開され、その周りをとりまくリズム論を俯瞰したことによって、再びリトミックに立ち戻っていったものであったと言うことができよう。

3．小林によるリトミックの紹介

　2－4でも触れたが、小林は「ダルクローズ氏には、造型リズムの練習法と言ふのがある。又別に舞踊改革論がある」[80]と述べて2本の論文を紹介している。

　この「造形リズムの練習法」とは J=ダルクローズのサブジェクトの一つ、プラスティックアニメについて論じた著書『プラスティックアニメの練習』を指す。小林は『プラスティックアニメの練習』の一部の訳を『教育問題研

究』41号に、もう一方の「舞踊改革論」の一部の訳を同誌の25号に載せ、内容を紹介している。

　小林によるリトミックの紹介は「綜合リズム教育概論」でなされるだけではなかった。この他に、国立音楽大学発行の定期紙 THE KUNITIACHI MUSIC PERIODICAL には、昭和26年3号、4号、8号、9号、10・11号でルシィのリズム起元論の一部訳、「リズムへの入門」と題したリトミックの紹介文、さらに「リズム反應の本質」として、ペニントンの著作と J=ダルクローズの『リズムと音楽と教育』の紹介文が掲載されている。

　また、記述年が不明のガリ版刷りの原稿には、J=ダルクローズの『ダルクローズ・ソルフェージュ』の音階練習の一部や『リズム運動』の拍子練習の一部が紹介されている。

　ペニントンの *The Importance of Being Rhythmic* は1930（昭和5）年に訳本が出版されている。しかしそれ以外は後出するリトミック研究者の板野平による翻訳本が出されるまで、我が国においては J=ダルクローズの著作を容易に知ることが出来なかった時代、小林はリトミックに関する多くの著作を紹介していたのである。これは全訳という形にはなっていないが、小林はリトミックの紹介者としてリトミック導入に大きく功績をしたのである。

まとめ

　ここまでの検討によって、小林は「綜合リズム教育概論」を構築する際に、小林が J=ダルクローズの周辺のリズム論を考察することによって、むしろ J=ダルクローズの論理に立ち戻っているということを指摘した。J=ダルクローズの考えに回帰し、深めていく発想が「綜合すること」であったとも言える。

　小林は新しい側面を取り入れ、織り込むことによって完全なる音楽教育法を確立しようと、多くの研究を重ねていたことが明らかになった。これらの事から、小林が J=ダルクローズの原著をはじめ、ルシィやデュディン、

ボーデに言及し、訳出をしていたという取り組みにも焦点をあてることが出来た。小林は日本へのリトミックの導入史上、紹介者としての役割を担っていたのである。

注及び参考文献
1) 小林恵子（1978）「リトミックを導入した早創期成城幼稚園：小林宗作のリトミックを中心に」国立音楽大学紀要13号、pp.75-93
2) 佐野和彦（1985）『小林宗作抄伝』話の特集
3) 福嶋省吾（2003）「日本におけるリトミック教育の歴史的概観」日本ダルクローズ音楽教育学会編『リトミック研究の現在』所収、開成出版、pp.25-39
4) Nitobe,Inazo（1900）*Bushido: The Soul of Japan*. The Leeds & Biddle Co., Philadelphia
5) 新渡戸研究の実際については、下記の新渡戸研究者からの聞き取りを行った。
   2010.11.30　財団法人新渡戸基金理事長：内川頴一郎氏、事務局長：藤田茂氏
   2011.1.5　十和田市立新渡戸記念館館長代理：新渡戸常憲氏、学芸員：角田美恵子氏
   2011. 6.26　大阪市立大学名誉教授：佐藤全弘氏
6) 小林宗作（1934）「欧米音樂教育界の相」學校音楽研究會編集『學校音樂』8月号所収、共益商社書店、pp.18-20
7) 土川五郎（1938）「幼児の遊戯」『幼児教育全集』第7巻所収、岡田正章監修（1978）『大正・昭和保育文献集』第4巻所収、日本らいぶらり、pp.119-120
8) 小林宗作（1925）「ダルクローヅ氏の新音樂教授法（リトミック）」『教育問題研究』65号所収、成城学園教育研究所、pp.63-66
9) 小林宗作（1929）「幼稚園教育の可否に就て」『教育問題研究』34号所収、成城学園教育研究所、pp.65-66
10) 小林宗作（1934）前掲書、p.20
11) 日本女子大學校「家庭週報第五八〇四號」大正8年2月11日発行2面
12) 小林宗作（1925）前掲書、p.64
13) 小林宗作（1934）前掲書、p.20
14) Eastlake. F. Warrington, Yamada Yoshiaki（1897）*Heroic Japan*, London: S, Low, Marston & Co. Ltd.

15) 小林恵子（1978）「『綜合リヅム教育概論』『幼な児の為のリズムと教育』解説」『大正・昭和保育文献集』別巻、日本らいぶらり、pp.90-91に「新渡戸は（…略）ジュネーヴに渡欧するおり、二人は旅の船中で出会ったといわれる」と記されている。
16) 2011.6.26　新渡戸基金事務局長の藤井氏から新渡戸生誕150周年記念出版用の総年表草稿を本研究の為にご提供頂いた。
17) 2010.12.13　加藤武子氏への電話での聞き取り
18) 2011.1.20付、加藤武子氏からの私信
19) 小林宗作（1935）「総合リヅム教育概論」、岡田正章監修（1978）『大正・昭和保育文献集』第4巻所収、日本らいぶらり、p.143
20) 2011.5.6　NPO法人リトミック研究センター会長、岩崎光弘氏は村井幼稚園の初代リトミック講師である。当時村井から聞いた話の内容の聞き取りを行った。新渡戸はリトミックをコップと水に例えて村井に話していたという。
21) 文京区小日向2－1－30の立札には文京区教育委員会（2013年2月）によって新渡戸の功績が綴られている。（写真1及び2は明星大学大学院教授佐々井利夫氏撮影）
22) 新渡戸稲造（2002）『随想録』たちばな出版、pp.267-278。この版は丁未出版社（1907年発行）を底本にしたものである。
23) カール・ビューヒャー著、高山洋吉訳（1944）『労働とリズム』第一出版
24) 山名淳（2006）『夢幻のドイツ田園都市』ミネルヴァ書房、pp.84-86
25) 新渡戸稲造（2002）前掲書、p.330
26) 新渡戸稲造（1938）『武士道』岩波文庫、p.131
27) 同上書、p.130
28) E.J＝ダルクローズ著、山本昌男訳（2003）『リズムと音楽と教育』全音楽譜出版社、序文、p. xi
29) 同上書、p.150
30) 小林宗作（1938）「幼な児の為のリズムと教育」、岡田正章監修（1978）『大正・昭和保育文献集』第4巻所収、日本らいぶらり、p.220
31) マティス・ルシィ著、板野平訳（1979）『アナクルーズ』全音楽譜出版社、p.5
32) 小林宗作（1938）前掲書、p.223
33) 同上書、p.201
34) 同上書、p.201
35) 同上書、p.201

36) 小林宗作（1935）前掲書、p.129
37) E.J＝ダルクローズ（2003）前掲書、序文、p. xi
38) 小林宗作（1938）前掲書、pp.202-203
39) 同上書、p.206
40) E.J＝ダルクローズ（2003）前掲書、p.114
41) 小林宗作（1938）前掲書、p.243
42) 同上書、p.242
43) 小林宗作（1935）前掲書、p.197
44) 小林宗作（1935）「綜合リヅム教育概論」岡田正章監修（1978）『大正・昭和保育文献集』第4巻実践編、日本らいぶらりゐ、pp.123-198
45) 岡田正章監修（1978）『大正・昭和保育文献集』日本らいぶらりい
46) 小林恵子（1978）『綜合リヅム教育概論』解説、『大正・昭和保育文献集』別巻、日本らいぶらりい、p.94
47) 坂田薫子（1999）「小林宗作の＜綜合リヅム教育＞―理論上の成果と課題―」東京芸術大学音楽教育研究室創設30周年記念論文集編集委員会編、『音楽教育の研究―理論と実践の統一をめざして―』音楽之友社
48) 今村方子（2002）「日本におけるリトミック教育法の受容に関する研究―小林宗作「綜合リヅム教育」にみる子どもの音楽教育観―」日本ダルクローズ音楽教育学会研究誌 Vol.27
49) 小林宗作（1932）「綜合リヅム教育とは何ぞや」『教育問題研究・全人』73号、成城学園、pp.34-39
50) 同上書、p.34
51) 文部省（1972）『学制百年史』ぎょうせい、p.464の表による。
52) 小林宗作（1938）前掲書、p.126
53) ヘレンケラーは1937年に来日し、障がいを負いながらも社会福祉活動家として取り組むヘレンの姿は日本人の知るところとなった。その後も2度来日している。小林は「綜合リヅム教育」が『大正・昭和保育文献集』に所収され、1939年に初版が出されるにあたり、当時最も話題性のある人物を序文に挙げたと思われる。
54) 小林宗作（1938）前掲書、p.126
55) 同上書、p.127
56) 同上書、p.127
57) 同上書、p.127
58) 同上書、p.127

59) 『リズムと音楽と教育』の p.76 に「最小限の努力で最大限の効果を獲得し」と述べられている。
60) 小林宗作（1938）前掲書、p.132
61) 同上書、p.133
62) 同上書、p.133
63) 同上書、p.134
64) 同上書、p.134
65) 同上書、p.136
66) 同上書、p.137
67) 同上書、p.139
68) 同上書、p.140
69) 同上書、p.126
70) E.J＝ダルクローズ著、板野平監修、山本昌男訳（2003）『リズムと音楽と教育』全音楽譜出版社、p.126
71) E.J＝ダルクローズ（2003）前掲書、p.127
72) 小林宗作（1938）前掲書、p.127
73) Jo Pennington（1925）*The Importance of Being Rhythmic*, American Printing House for the Blind, Inc., M. C. Migel Library（ダルクローズの律動教育）
74) 小林宗作（1938）前掲書、p.158
75) 同上書、p.198
76) 齋藤道子氏からの聴き取りは埼玉県所沢市ひまわり幼稚園にて行った。(2013.3.11)
77) Mathis Lussy（1883）*Le Rythme Musical*, The Vincent music company
78) E.J＝ダルクローズ（2003）前掲書、p.15
79) 小林宗作はボーデーと表記しているが、先行研究においてはボーデと表記されている。
80) 小林宗作（1938）前掲書、p.176

第2章 リトミックの普及者"天野蝶"

第1節 天野蝶による日本へのリトミック導入に関する一考察
　　　　―天野の指導内容を視点として―

1 天野蝶研究の課題と設定

　本節では、日本へのリトミック導入に関わる人物の中から、パリのダルクローズ学校（Ecole du Luxembourg de Paris）で1931年から1年間リトミックを学び帰国した天野蝶（1891-1979）に着目する。天野は当時の日本の体育教育の現状に合わせて、J=ダルクローズのリトミックをもとに「天野式リトミック」を案出[1]した。日本のリトミック受容に関わり、普及を果たした人物の一人として、天野の果たした役割は大きい。

　天野に関する先行研究には、小林（1979）[2]論文が挙げられる。天野の関係者からの聞き取りという手法を用いて、天野の生い立ち、日記に記載されている事柄、活動が報告されている。天野の著書『天野式テクニック・リトミック』[3]と『幼児リトミック（天野式）』[4]には、「天野式テクニック」、「天野式リトミック」、「プラスティック」、「幼児リトミック（天野式）」の指導法が記されている。

　小林（1979）には「全学科、リトミック、テクニック（技術）プラスティック（造形）の身体表現技術面の修行は…（後略）」[5]というパリでの修行について記した天野の日記の一部が紹介されている。ここから推察するに、「幼児リトミック（天野式）」以外は、天野が学んだパリのダルクローズ学校で行われていた学習内容の区分の名称を使用したと考えられる。

　天野は「終生やりたいと言う熱望にもえているのは幼児のリズム教育であ

る」[6]と著書に記し、88歳で生涯を閉じるまで、その教育に専心した。現在も天野の後継者による月に一度の研修会が、主として幼児指導者を対象に開催されており、天野は幼児教育に寄与したと言える。一方、体育教師であった為に、天野は体育教育分野におけるリトミックの普及をなしたという捉え方もある[7]。

天野が教員として在職していた小、中、高等学校、短期大学、大学等において、体育の授業または独自のリトミックの授業として、その教育内容が実践されている。「天野式」と称される天野蝶によるリトミックの各指導法の内容を詳細に分析した研究は、今までなされていない。本研究では、我が国にリトミックが普及する一つの道筋を作った、天野の教育法の内容を分析する。このことは、天野の教育観を探る一助となりうるものであり、リトミックの受容史の一端を明らかにする上で、意義がある。

天野によって案出された指導法の内容はJ=ダルクローズのリトミックを基礎としてはいるが、天野によって、「体育の中で基本訓練用として反能力、集中力、統御力養成を目的とした新しいリトミック」[8]とされていることから、音楽教育としてのリトミックとは一線を画したものとして認識されているところがある。指導法の呼称については、「天野式」という略称が一般的に使用されており、天野の述べる数種の指導法のそれぞれの区別が明確になされているとは言い難い現状にある。天野は著書に「天野式テクニック」、「天野式リトミック」、「幼児リトミック（天野式）」、「プラスティック」というように、これらの指導法を分けて記しており、その内容や対象者は異なるものである。

本研究では、J=ダルクローズのリトミックの内容と天野蝶によるリトミックとの関係性に注目し、項目ごとに内容を比較検討する。それにより、天野蝶によるリトミックの4つの指導法の位置づけを明確にすることを目的とする。

本項では、天野が案出した指導法の「天野式テクニック」、「天野式リト

ミック」、「幼児リトミック（天野式）」、「プラスティック」の位置づけを明確にするために、天野によるリトミック全体を表す場合は、「天野蝶によるリトミック」と称する。また、J=ダルクローズによるものは「リトミック」と表記する。

天野の著作には子どもの歌と遊戯の振付が記されている教本[9]や、指導者のためのピアノ即興法が記された教本[10]などがある。本研究では『天野式テクニック・リトミック』と『幼児リトミック（天野式）』の記述から、「天野蝶によるリトミック」の案出に至った経緯を概観する。そのうえで、J=ダルクローズの『リズムと音楽と教育』[11]の第5章に記された学習の内容22項目を基準にして、天野蝶によるリトミックの内容を検討することにより、天野のそれぞれの指導法「天野式テクニック」、「天野式リトミック」、「プラスティック」、「幼児リトミック（天野式）」を比較し、教育内容の変遷とその背景について考察する。

2　体育教師天野とリトミックとの関わり

学校教育において、体操科は1900（明治33）年に改正された第3次小学校令により、正課課目となった。当時の小学校令に定められた体操科は、小学校初等科1、2、3年では遊戯、中等科4、5年は徒手体操、6年は器械運動、小学校高等科7、8年は器械運動を内容に含んでいた[12]。明治30年代に入り、「新しい体操法の導入等による現場の混乱」[13]があり、その統一の為に1904（明治37）年に設置されたのが「体操遊戯取調委員会」である。天野が宮津尋常高等小学校の訓導になったのは1910（明治43）年である。この頃の日本は大正デモクラシーと呼ばれた新時代に歩みを進めていた。

天野は「外国からフォークダンス、体育ダンスの先生が来日、青年会館で講習がある毎に受講した」[14]と述べている。天野が「三十九才迄の私は講習で修業したダンスに、時々自分の創作を加えて体育指導のバックボーンにした」[15]と述べ、ダンスを活かした遊戯の指導に熱心であったことや、小学校

の体育の教師として着任後も音楽教師を目指して音楽のレッスンを受けていた経緯は、小林（1979）論文に詳しい。また、体操遊戯取調委員会によって明治40年に改正された小学校令では、尋常小学校の体操の時間は「1年、2年は唱歌と合わせて週に4時間、3年以上6年までは唱歌と分離して各学年体操は3時間」[16]となった。ここに見られるように、体操と唱歌が同一教科内で教えられていたことも、天野が体育教育にリトミックの方法を採りいれようと考えた理由の一つと考えられる。

　天野が留学前に国内で見学したリトミックは、演劇関係者によるものであった。既に音楽教育の分野では、音楽教師である太田司朗（1904-1989）が1923（大正12）年に広島市においてリトミックを知り[17]、広島師範学校付属小学校の授業内と自宅でのレッスンで音楽教育法としてリトミックを取り入れていた。同年にはやはり音楽教師の小林宗作（1893-1963）が、ジュネーヴでリトミックを新渡戸稲造に紹介され、学び始めている[18]。

　天野がリトミックを学びにパリへ渡ったのは1931（昭和6）年5月である。その頃J=ダルクローズはパリからジュネーヴに教育の場を移していた。小林も1930（昭和5）年に2回目の留学でパリのダルクローズ学校を訪れるが、J=ダルクローズ本人には会えず、代わりにパリのダルクローズ学校の関係者によるサイン（1930年6月14日付）が入った証書[19]を日本に持ち帰ってきている。天野がパリへ渡る4カ月前、1931年1月のことである。当時の日本のリトミック界は、まさに黎明期を迎えていた。

　パリへのリトミック留学後、天野は体育授業にリトミックを取り入れるため「天野式テクニック・リトミック」を案出する。後に天野はリズム教育に関する見解を以下のように述べている。

　　リズム教育の中で音楽教育は明治大正時代と比較して格段の進歩をみとめるものであるが、（中略）体育の中のリズム運動となると四十年前と何等の進歩もみられない。（明治四十年頃フォークダンス、スクエヤーダ

ンス全盛）現在盛んに行われている基礎のない創作指導ではリズム教育は決して行われない[20]。

続けて天野は「体育ダンス基本練習はリトミックとテクニックの両者を必ず行なわせる」[21]と記し、パリのリトミック学校で学んだ内容を体育ダンスに応用した。次の3節では、体育ダンスの基礎として、また遊戯の基礎として、天野がリトミックをどのように教材化したのかを述べるものとする。

3　天野蝶によるリトミックの概要

本項では天野の著書である『天野式テクニック・リトミック』と『幼児リトミック（天野式）』の記述から、それぞれの案出の理由と目的、指導の対象と指導に用いる楽器等について、検討していく。

3−1　案出の理由と目的

『天野式テクニック・リトミック』は体育ダンスの教材として案出された。天野が教育対象とした学生は体育教師を目指しており、音楽教育法であるリトミックをそのまま授業に活用することが困難であったことは容易に推察できる。「リトミックをピアノ即興法で指導することは現在の小中高の指導者には望めない」[22]、「リトミックの表現技術を体育化しないかぎり、客観的に見るものを感心させる美しさがない。ただ音楽のリズムを手と足で表現すればよいと言う音楽家中心のリトミックではやがて衰微するであろう」[23]という記述がある。

天野自身はピアノの即興法を使用した方法が、リトミックの教育的効果をあげられることを十分理解していた。「天野式リトミック」の方法にピアノ即興法を入れなかった理由は、ピアノ即興法があることによって、体育教育の中でリトミックが実践されないままになることを避けるためであったと思われる。体育教育の領域にリトミックの普及を目指すため、ピアノ即興の代

わりに「天野式タイコ」を使用する方法を考えた。これはリトミック普及を第一の目的とする、という苦渋の選択ではなかったかとも思われる。

　天野はリトミックの教育内容からピアノ即興法を削除し、さらにリトミックの表現技術を視覚的にも運動的にも体育の技術と接近させることにより、体育ダンスの教材としてリトミックを活用することを目的とした。

　一方の『幼児リトミック（天野式）』には、「其の目的は同じでも幼児の指導は音楽を主導力としなければならぬ。（中略）やっと四年前に一般指導者の為にカデンツ応用のピアノ即興法を創案」[24]という記述がある。天野は体育の基本訓練に太鼓を使用した方法を幼稚園や小学校低学年で行ったが、ピアノ即興を使用しなければ効果をあげ得ないという課題に突き当たる。幼児リトミック（天野式）は、ピアノによる指導の必要性を感じたことから、『天野式テクニック・リトミック』と比較するとJ=ダルクローズのリトミックに接近したものと考えられる。

　当初は「その目的は同じ」として幼児の遊戯のための教材という位置づけであった。天野は「三才－六才のもっともリズム能力伸展の時に、すべての表現技術の基礎となる基本（リトミック）を授けながら（中略）リズムをつくることの出来る心身を養成したい」[25]とし、天野は「幼児リトミック（天野式）」の目標を、「感じたこと考えたことが適切に表現できる」[26]子どもを育成すること、としたのである。

3－2　指導の対象と指導に用いる楽器

　2項で先述したように、当時の学校教育の体操科では、小学校初等科1、2、3年は遊戯を中心とする内容をとり上げていた。天野は1、2年生に遊戯を教え、3年生以上には『天野式テクニック・リトミック』を教えた。この指導法の対象は、小学校3年生以上大学生迄である。指導には天野式リズム太鼓が使用される。この太鼓は天野が「パリで舞踊家のマダム・ミラシュルルがレッスンで使用したタンバリン式のリズム太鼓を思い出し」[27]、舞踊

の教具からヒントを得て作ったものである。

　一方の『幼児リトミック（天野式）』の対象は、3才児、4才児、5才児である。J=ダルクローズの論文「音楽と子ども」[28]の中では、特に子どもの年齢は区切られてはいない。『幼児リトミック（天野式）』の対象が3～5才児であるのは、幼稚園児を対象にしたためである。

　天野は「幼稚園及び小学校低学年はタイコでは効果をあげ得ない」[29]と記述している。天野は自由でありながら全体的には統一感もあるような子どもたちの表現を、単音の太鼓と指示のみで引き出すことは困難であると感じたと思われる。ピアノをリトミックの指導に使用することについて、J=ダルクローズは以下の様に述べている。

　　　ピアノはリトミシャンに選ばれた楽器である。完全な楽器、オーケストラの反映であり、音の要素の無数の組み合わせを可能にする。（中略）ピアノの音楽によって、音の驚くべき豊かさを自由に扱い、子供たちを音楽の領域へと運ぶことができる[30]。

　子どもたちを前にした天野は、J=ダルクローズが述べる子どもへの教育におけるピアノ即興法の有効性を確信したのである。小学校3年生以上の指導では削除していたピアノ即興を使用した方法を、「リトミックの真似事」[31]として子どもたちに実践した。「この指導の最大の武器はピアノの奏法である。園児がピアノにいかに引き込まれるか、おそらく世人は想像もつかないだろう」[32]という天野の記述からは、ピアノ即興を使用した教育効果を目のあたりにした喜びが伝わってくる。『天野式テクニック・リトミック』で削除されたピアノ即興法が、『幼児リトミック（天野式）』で取り入れられたのは、天野の幼児教育での実践がきっかけとなったのである。

3－3　天野蝶によるリトミックの構成とその位置づけ

　ここでは天野の記述を基にした、天野蝶によるリトミックの構成と位置づけを確認する。

1) 天野は「体育ダンス及び一般体育基本」[33]の教材として、『天野式テクニック・リトミック』を案出しているが、著書の中では「天野式テクニック」と「天野式リトミック」を区別している。
2)「天野式テクニック」の中では、「リトミック」として、「ダルクローズのリトミック」と「天野式リトミック」を並記して位置づけている。
3) さらに、「天野式リトミック」の中に「天野式幼児リトミック」と「天野式リトミック」があると位置づけている。

　上記の2) の部分では、J＝ダルクローズのリトミックとの関係性に若干の混乱が見られる。「リトミック」が「J＝ダルクローズのリトミック」を指すのか「天野蝶によるリトミック」を指すのか区別がつきにくい。また、「幼児リトミック（天野式）」と「天野式幼児リトミック」は同じものを指すと思われる。
　「天野式テクニック」、「天野式リトミック」、「プラスティック」、「幼児リトミック（天野式）」の内容を比較検討することにより、5項において天野蝶によるリトミックの構成と位置づけを明確にしたい。

4　J＝ダルクローズのリトミックと天野蝶によるリトミックの教育内容の比較

　J＝ダルクローズの論文集 *Le rythme la musique et l'éducation*[34]が出版されたのは1920年である。その中の第5章は1915年に論文として発表したもので、J＝ダルクローズの教育法の初期の学習内容が22の項目として纏められている。天野の留学は1931年である。

天野がリトミック学校で学んだ内容には、J=ダルクローズの方法が含まれていると考えてよい。この項では、J=ダルクローズの指導法の22項目の学習内容と、天野の指導法の学習内容を比較していく。「J=ダルクローズのリトミック」と「天野蝶によるリトミック」の共通点、相違点などを提示することにより、「天野蝶によるリトミック」の特徴を明らかにすることができると思われる。

4－1　J=ダルクローズによる22項目の学習内容と天野の指導法の内容との比較

1) 筋肉の弛緩と呼吸の訓練

　J=ダルクローズによる学習内容は、手足、全身の筋肉を同時に、あるいは別々に収縮や弛緩させ、筋肉の抵抗に気付かせるものである。また、呼吸訓練は神経作用の訓練と一体のものとしてあらゆる姿勢で実施するという内容である。「天野式テクニック」には中学生以上の生徒を対象として、体の柔軟[35]を行わせる学習があるが、呼吸の訓練は含まれていない。「天野式リトミック」には当該の内容は含まれていない。「プラスティック」には体の弾性と重心の移動の訓練が含まれているが、呼吸の訓練は含まれていない。「幼児リトミック（天野式）」には当該の内容は含まれていない。

2) 拍節分割とアクセントづけ

　J=ダルクローズによる学習内容は、各小節の第1拍目を足でアクセントづけして感じ取るものである。「天野式テクニック」には拍毎にステップして、粘りとアクセントを体得する内容がある。「天野式リトミック」には拍子の種類とその動作の学習がある。「プラスティック」には、足の重心を移しながら、アクセントと反動を利用し、拍子によってアクセントを自覚する学習がある。「幼児リトミック（天野式）」には、拍子の表現を床たたきなどの動きを通して学習する内容[36]がある。

3) 拍節の記憶

　J=ダルクローズによる学習内容は、特定の動きとその順番の記憶の訓練

である。「天野式テクニック」では、基本ステップや、関節の加動力[37]（ママ）による動作カノンの学習がある。「天野式リトミック」には拍子カノンの学習があり、手による拍子の記憶と足で各音符を表現する方法を組み合わせている。「プラスティック」では自由造形の学習内容にみられる。「幼児リトミック（天野式）」では、ピアノの拍子を聴き分け、2拍子、3拍子、4拍子の変奏を表現させる学習がある。

4) 目と耳による小節[38]の迅速な理解

　J=ダルクローズによる学習内容は、何小節か弾かれた音楽を聴いて、動きとして表現する学習である。あるいは楽譜で示されたものを見て、表現する学習である。「天野式テクニック」には当該の内容は含まれていない。「天野式リトミック」には指導者の太鼓のリズムを何小節か聴いて、足で表現する学習がある。「プラスティック」には当該の内容は含まれていない。「幼児リトミック（天野式）」では、黒板に書かれた音符を見て覚える、あるいは一般的な音符の名称と幼児用とを比較して覚える。また、音符を呼称させながら手又は足で表現するという学習内容がある。耳からの理解の学習について、当該の内容はない。

5) 筋肉感覚によるリズムの理解

　J=ダルクローズによる学習内容は、筋肉の緊張度の知覚に、長さと空間と抵抗力の強弱の身体的動態の関係を確立するものである。「天野式テクニック」では、足に重心をかけたり、踏み切ったりという筋肉の緊張度を感じ取る学習、またリープ大跳躍のように強く踏み切って高く伸ばして空中に跳ぶというような、強さ、長さ、空間の関係性を学ぶ内容がある。「天野式リトミック」では単純音符の相互的時価体得の内容に、全音符を拍手して4呼間に大円を両手で画くなどの学習がある。「プラスティック」には当該の内容は含まれていない。「幼児リトミック（天野式）」にはピアノの拍子の強弱を聴き分けて床をたたくという学習内容がある。

6) 自発的意志力と抑止力の開発

J=ダルクローズによる学習内容は、動きと動きの停止である。前進、後進、跳躍、寝転ぶ等の動きを、最小限の努力で筋肉が追随するよう、脳が命令することを学ばせるものである。これは自分の身体を自分の意志で自由に扱えるということが、効率的に行えることである。「天野式テクニック」には当該の内容は含まれていない。「天野式リトミック」では、休止符による体のコントロールの学習が含まれる。「プラスティック」には当該の内容は含まれていない。「幼児リトミック（天野式）」には方向及び手の左右感体得の学習内容がある。

7) 集中力の訓練。リズムの内的聴取の創出

　J=ダルクローズによる学習内容は、拍子とリズムを脳の中にイメージさせ、思考の中で動きの実行を試みるものである。「天野式テクニック」には該当する内容は含まれていない。

　「天野式リトミック」では、リズムを足で暗記表現するという学習内容がある。「プラスティック」には当該の内容は含まれていない。「幼児リトミック（天野式）」では、「お手手をたたこ」「おひざ」「キーラキラ」など、予め決められた動きをすることにより注意集中を学習する内容がある。

8) 身体の均衡をとり、動きの連続性を確実にするための訓練

　J=ダルクローズによる学習内容は、動きの持続性を筋肉エネルギーのニュアンスの表現や、中断という方法の構築によって、鮮明な知覚として学習するものである。「天野式テクニック」では、脚の基本形と重心の移動の学習がある。「天野式リトミック」、「プラスティック」、「幼児リトミック（天野式）」には該当する内容は含まれていない。

9) 数多くの自動的作用の獲得と、自発的意思の働きでもってする動作との結合と交替を目的とした訓練

　J=ダルクローズによる学習内容は、手足、話すこと、歌うこと、これらの自動的作用を結合させるものである。例えば手でメロディを打つ時、足が自動的に動くことがあるが、それだけではなくて、必要とあれば意志によっ

て自動化されたものを違うパターンなどに代える等のコントロールができることである。「天野式テクニック」には当該の内容は含まれていない。「天野式リトミック」では、両手、足などを使用する拍子カノンの学習がある。

「プラスティック」には当該の内容は含まれていない。「幼児リトミック（天野式）」では両手で両股を2呼間一打ちでたたきながら「ドミソ」「ドミソ」「ソミド」「ソミド」を連唱する内容が含まれている。

10）音楽的時価の表現

　J=ダルクローズによる学習内容は、4分音符は歩行、2分音符は膝を曲げるという、動きと時価の正しい表現を学ぶものである。「天野式テクニック」には当該の内容は含まれていない。「天野式リトミック」では、単純音符の相互的時価体得、リズムの体得表現の学習がある。「プラスティック」には当該の内容は含まれていない。「幼児リトミック（天野式）」では手と足で表現動作する学習がある。

11）拍の分割

　J=ダルクローズによる学習内容は、ステップの細分、シンコペーションの演行というものである。「天野式テクニック」には該当する内容は含まれていない。「天野式リトミック」には、連音符の学習がある。「プラスティック」と幼児リトミックには該当する内容は含まれていない。

12）音楽リズムの即時身体表現

　J=ダルクローズによる学習内容は、音のリズムを身体造形リズムに即座に転換することと、音楽の時価、強弱を自然に表現するというものである。「天野式テクニック」には該当する内容は含まれていない。「天野式リトミック」には拍子をつけて単純音符の表現をする学習がある。「プラスティック」と「幼児リトミック（天野式）」には該当する内容は含まれていない。

13）動きの分離のための訓練

　J=ダルクローズによる学習内容は、手・足それぞれの強さ、筋肉収縮、時間の区切り、ポリミーター（複合拍節）等、反対のニュアンスの筋肉神経

作用の訓練である。「天野式テクニック」、「天野式リトミック」には該当する内容は含まれていない。「プラスティック」には、2人以上の造形、線の造形の学習内容が見られる。「幼児リトミック（天野式）」には該当する内容は含まれていない。

14）動きの中断と停止の練習

　J=ダルクローズによる学習内容は、音楽のフレージングに則った弱拍の学習、呼吸、停止、判断を学ぶものである。「天野式テクニック」では股関節廻旋や跳躍の動作の終わりに休止を入れるなど、停止の学習がある。「天野式リトミック」では単純音符の時価体得の学習の中に発令により停止をする学習が含まれている。「プラスティック」ではポーズをとることにより停止の訓練をする。いずれも停止の学習はあるが、弱拍、呼吸についての内容は記されていない。「幼児リトミック（天野式）」には該当する内容は含まれていない。

15）動きの遅速の倍加や3倍加

　J=ダルクローズによる学習内容は、拡大と縮小、フーガの見本の準備である。「天野式テクニック」、「天野式リトミック」、「プラスティック」には当該の内容は含まれていない。「幼児リトミック（天野式）」には、テンポ感の体得として簡単な手の動作、足踏みなどで拍子練習を行い、1/2速く、1/2遅くという学習内容が含まれている。

16）身体的対位[39]

　J=ダルクローズによる学習内容は、音楽技能訓練を身体訓練領域に移し替えるために、あらゆる種類の印象を感受することに慣れるということである。「天野式テクニック」には当該の内容は含まれていない。「天野式リトミック」では、12個の8分音符による手足のコントロール、休止符と音符の連続と移行の練習がある。これらを各種の発令に合わせて表現させる訓練である。「プラスティック」と「幼児リトミック（天野式）」には該当する内容は含まれていない。

17）複リズム

　J＝ダルクローズによる学習内容は、一本の腕がリズムを演行する一方で、別の手足の一つが、別のリズムを打つというものである。「天野式テクニック」では当該の内容は含まれていない。「天野式リトミック」には手で8分音符を叩き、4分音符を足でステップ、または2人組で学習する内容がある。「プラスティック」には該当する内容は含まれていない。「幼児リトミック（天野式）」には手足のコントロール（手が♩で同時に足は各音符）の学習がある。

18）感情によるアクセントづけ──強弱法（dynamiques）と速度法（agogiques）のニュアンス（音楽的表現）

　J＝ダルクローズによる学習内容は、クレッシェンドなど振幅をもつ動きを位置づけ、共振や静止の調和を図る学習をすることで、聴覚器官と運動期間の迅速な連携経路を築くものである。「天野式テクニック」、「天野式リトミック」、「プラスティック」には該当する内容は含まれていない。「幼児リトミック（天野式）」には、強弱感の体得（f強い）拍手、膝を高くあげて足ぶみ、強歩、両手を高くあげて歩く、前進しつつ弱い拍手、膝をあげないで足ぶみ、足尖歩[40]、両手を前にさげ前屈して歩く、または後退（あとずさり）、という学習内容が含まれている。

19）リズムの記譜の訓練

　J＝ダルクローズによる学習内容は、聴き取ったリズムや、動きで表されるのを見たリズムを即刻記譜するものである。「天野式テクニック」、「天野式リトミック」、「プラスティック」、「幼児リトミック（天野式）」には該当する内容は含まれていない。

20）即興表現の訓練（想像力の開発）

　J＝ダルクローズによる学習内容は、アナクルーズ、感情的アクセント、休止、シンコペーションを組み入れた何小節かの即興表現をするものである。「天野式テクニック」、「天野式リトミック」には当該の練習は含まれて

いない。「プラスティック」には、1人が自由にポーズを作り、もう1人がそのポーズを基にポーズを作っていく学習があるが、その際にアナクルーズ、感情的アクセントなどを入れるという記述はない。「幼児リトミック（天野式）」には当該の内容は含まれていない。

21）リズムの指揮（他者――ソリストたちや集団の面々――に自分の個人的感覚・感情を速やかに伝達すること）

　J＝ダルクローズによる学習内容は、リズムを表情豊かな身振りで、速度や強弱のニュアンスを指示しながら、クラスのアンサンブル演奏をさせるものである。「天野式テクニック」には当該の内容は含まれていない。「天野式リトミック」では、指導者の指示により学習者が拍子の指揮（2、3、4、6拍子）を行うが、アンサンブル演奏の指揮の学習ではない。「プラスティック」には当該の内容は含まれていない。「幼児リトミック（天野式）」の拍子感の学習の中に、2、3、4拍子の1拍目を手で打ち、両手共に指差しの形をつくり、両手腕を軽く振るという練習がある。この動きは指揮の準備とも考えられる。

22）いくつもの生徒のグループによるリズムの実演（音楽的フレージングの手ほどき）

　J＝ダルクローズによる学習内容は、フレーズの段落ごとに、グループが表現を受け持つものである。「天野式テクニック」には該当する内容は含まれていない。「天野式リトミック」には、リズムカノン、輪唱と共に動作カノンをする学習がある。「プラスティック」では動く人数に変化をつけて交互にリズムを表現する学習がある。「幼児リトミック（天野式）」には該当する内容は含まれていない。以上をまとめると次のようになる。（表1参照）

4－2　天野独自の指導法の内容

　天野蝶によるリトミックの学習内容から、J＝ダルクローズの22項目には該当しない内容を挙げる。

(表1) J=ダルクローズによる22項目の学習内容を基準とした天野の指導法の内容の比較

J=ダルクローズによる学習項目 [○：当該の内容を含む　△：当該の内容を若干含む　－：当該の内容を含まず]		天野式テクニック	天野式リトミック	プラスティック	幼児リトミック
1	筋肉の弛緩と呼吸の訓練	△	△	△	－
2	拍節分割とアクセントづけ	○	○	○	○
3	拍節の記憶	○	○	○	○
4	目と耳による拍子の迅速な理解	－	○	－	△
5	筋肉感覚によるリズムの理解	○	○	○	○
6	自発的意志力と抑止力の開発	－	○	－	○
7	集中力の訓練。リズムの内的聴取の創出				
8	身体の均衡をとり、動きの連続性を確実にするための訓練	○	△	－	－
9	数多くの自動的作用の獲得と（略）動作との結合と交替を目的とした訓練	－	○	－	－
10	音楽的時価の表現	－	○	－	○
11	拍の分割	－	○	－	－
12	音楽リズムの即時身体表現	－	○	－	－
13	動きの分離のための訓練	－	△	○	－
14	動きの中断と停止の練習	△	△	△	－
15	動きの遅速の倍加や3倍加	－	－	－	○
16	身体的対位	－	○	－	○
17	複リズム	－	○	－	○
18	感情によるアクセントづけ	－	○	－	○
19	リズムの記譜の訓練	－	－	－	－
20	即興表現の訓練（想像力の開発）	－	○	△	－
21	リズムの指揮（他者（略）に自分の個人的感覚・感情を速や	－	△	－	△

	かに伝達すること）				
22	いくつもの生徒のグループによるリズムの実演（音楽的フレージングの手ほどき）	−	○	○	−

(2015年板野作成)[41]

1)「天野式テクニック」
・臂の基本形…両手を背に組む「シ」、両手頸を曲げる「ド」等、音階に手首と臂の動作を付ける。
・関節の加動力…肩関節、股関節の廻旋表現をする。
・ステップ練習…舞踊基本ステップ11種に、ポイント、クローズ等テクニックの動きを付ける。
・体の柔軟…中学以上を対象として、開脚して胸、腰、前進、状態等を後屈、前屈する。

2)「天野式リトミック」
・動作の記憶…第1小節は右足より動作する、第2小節は右の生徒が片膝立をする、第3小節では左の生徒が動作する、動作の暗記表現をする。

3)「プラスティック」
・線の造形…線（たすき使用）の造形、運動会用、学芸会用の造形美ダンス。

4)「幼児リトミック（天野式）」
・約束の動作の体得…停止、整円、おひざつき、おすわり、おねんね等の動作を覚える。
・隊形のつくり方…対向（1列のまま2人向き合って両手をつなぐ）、中と外（両手をつないだまま内円と外円になる）、バツ（胸の前で両手を交差して×の形を作る）、ボート、円、二重まる等、全体の隊列を作る学習。
・幼児テクニック…大きなジャンプ（開脚とび）、バランス（おいてチョン）等の動作。
・幼児リズム体操…きらきらトントン、おふねこぎ、電信柱、トンネルよ、えび等の動作。

・リズム遊戯…幼児の歌曲の歌詞を歌いながらの動作[42]。

　J＝ダルクローズの22の学習項目を基準にして天野の各指導法の内容を比較した結果から、天野の指導法の特徴を見ると、「天野式リトミック」のみに当該の内容があるものは、項目11、12、16、である。このことから「天野式リトミック」は「天野式テクニック」と比較すると、リズム聴取や拍の分割等の音楽的要素を学ぶ内容を多く含んでいる指導法であると言える。

　「プラスティック」のみに当該の内容があるものは、項目13、20である。体による造形を学習する内容に、この項目が使用されている。「幼児リトミック」のみに当該の内容があるものは、15、18である。倍加やニュアンスの表現は、単音の太鼓よりピアノ即興法を活用することによりメロディの把握が容易になること、多様な音色を利用して表現を引き出し易いことなどから、「幼児リトミック」の内容に含まれたのではないかと思われる。

　項目1、8、14のように高い身体技術を要求されるものは「幼児リトミック（天野式）」では扱われてはいない。項目2、3、4、5、7、10、17、21の様なリズム学習と6の即時反応的学習は小学校3年以上を対象にした「天野式テクニック」、「天野式リトミック」、「プラスティック」の群のいずれかと「幼児リトミック（天野式）」で共通に学習されている。

　注目すべきは、『天野式テクニック・リトミック』で該当する学習内容の数と『幼児リトミック（天野式）』で該当する学習内容の数を比較すると、『天野式テクニック・リトミック』の方が多いことである。また、J＝ダルクローズの22項目に該当しない学習内容は『幼児リトミック（天野式）』に多い。

　天野は「天野式リトミック」ではピアノ即興の代わりに天野式太鼓を使用したが、内容的にはJ＝ダルクローズのリトミックに沿った学習を目指していたと思われる。一方の「幼児リトミック（天野式）」は、ピアノ即興法を使用したことによって、指導方法や内容はJ＝ダルクローズのものに接近した

と言えよう。

4-3　天野蝶によるリトミックの目的

天野の記述から、それぞれの指導法の目的をまとめると以下のようになる。

1)「天野式テクニック」

天野は「心身の科学化・芸術化」[43]がこの指導法の目的であると記している。体育ダンスの目的も「心身の科学化（能率化）芸術化（美化）が基本訓練の二大要素であり、其れの達成により思想感情意志を正しく美しく表現する能力をかち得、直接には全体育、関節には全教育に多大の効果をもたらす」[44]と述べており、「天野式テクニック」と「体育ダンス」の目的は近似のものであると言える。

2)「天野式リトミック」

「天野式リトミック」については「体育の中で基本訓練用として反応力、集中力、統御力養成を目的とした新しいリトミックをつくろうと。」[45]と明確に目的が記されている。

3)「プラスティック」

天野は「プラスティック」の項目の中ではその目的を明記していないが、「◎指導上の注意」の部分に「創作への精進はいつのまにか身体の部位感が体得され、所謂「きく」からだとなって日常生活のあらゆる面に「美」と「力」を発揮する」[46]という記述がある。自分の身体の部位を知ることは、自己を知ることに結び付くものである。また、聴いたものを美しく身体表現することになり、さらに力強さを表現できるようになることを目指していると考えられる。

4)「幼児リトミック（天野式）」

天野は「幼児リトミック」を指導した後に寄せられたいくつかの反響を紹介している。文中に、子どもにどのような効果があったのかが記されてい

る。天野が目指す子ども像については直接的な記述はなされていないが、これらの記述から「幼児リトミック（天野式）」の目的をどのように考えていたのかを推察することができる。

「（リトミックを習った子どもが）合格率の少ない小学校に受験したところ、その園からの志望者が多数パスした。（中略）態度も言葉も他の子供より目だってはきはきとしているので（親は）今更ながらリトミックの効果を認識したと（知らせてくれた）」[47]（括弧は筆者による）。この記述から、天野は「幼児リトミック（天野式）」の目的は、日常生活における子どもの学力、行動の向上と改善を目指すことであると考えていたと思われる。また、子どもたちが「学習態度が大変よい、ぼんやりが少い（ママ）、学芸会などの主役に出る数が多い」[48]とほめられたことを挙げ、これらが「幼児リトミックの第一のねらいである」[49]と記している。理解力や自己表現力がある子どもを育成したいとも考えていたと言える。

これまでの結果を基にすると、天野蝶によるリトミックの構成とそれぞれの位置づけは以下のようになる。（図表2参照）

（図表2） 天野蝶によるリトミックの構成とその位置づけ

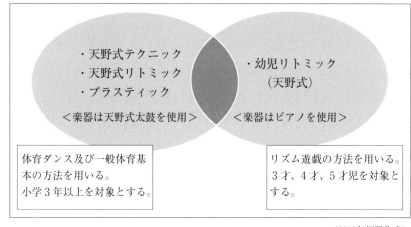

（2012年板野作成）

本項では天野の記述を基に、天野とリトミックの関わり、天野蝶によるリトミックの指導内容と目的を明らかにし、各指導法の構成と位置づけを検討した。天野は体育教師を目指す学生や児童、生徒に、ピアノ即興法によってリトミックが避けられないよう、ピアノ即興法の代わりとして天野式太鼓を用いて「天野式テクニック」、「天野式リトミック」、「プラスティック」を教材とした体育授業を行った。これまでのリトミック受容史上、舞踊家は舞踊表現に、演出家は舞台表現にリトミックの身体表現法を活用してきたことを振り返れば、体育教師であった天野が体育教育にリトミックを活用したことは自然なことのように思われる。しかし、天野は幼少期から音楽教育に関わりを持ち、自らも音楽教師になりたいという希望を抱いて、西洋音楽の学習を重ねていたことが、天野の教育の一つの柱になっていたと言えよう。

　天野は「天野式テクニック」、「天野式リトミック」、「プラスティック」の方法を用いて、多様な動きの表現の可能性を示唆した。それらは「J=ダルクローズのリトミック」と比較した場合、ある意味逸脱している部分もあるが、天野は指導の対象を幼児へと広げたことによって、自分自身のリトミック理解を深め、「J=ダルクローズのリトミック」に帰結する必要性を感じたと思われる。これは天野が教育の本質を探究し続けた姿勢の表れであろう。このことからすると、天野は「体育教師」としての役割よりも、「リトミック教師」としての役割を大きく果たしていたと結論付けてよい。

　ここまで、天野蝶の教育観全体を見るための基礎的な一部を成すものとして、天野の指導内容の検討が中心となった。次節は天野の教育方法とJ=ダルクローズの方法との関わりを探るものとしたい。

第2節　天野蝶による子どもの歌と動きについての一考察

1　天野蝶の子どもの歌と動きの背景

　天野がリトミック留学を終えて帰国した1930年代当時の日本では、音楽の

専門家や教育者以外でオルガンやピアノ等の鍵盤楽器の演奏経験を持つものは多くはない状況にあった。天野が赴任した体育大学の授業でリトミックを活用するためには、体育教育の現状や体育学生の音楽学習経験の実態に合わせる必要があった。このような理由で天野によって案出されたのが「天野式リトミック」である。

天野の指導法は「天野式テクニック」、「幼児リトミック（天野式）」、「プラスティック」に分類される。その内容や対象者が異なることは天野の著書から判断することができるが、一般的にはこれらの天野の指導法は一括して「天野式」という略称で呼ばれている現状にある。

天野が体育教師であったことや、「天野式」の実践当初はピアノ伴奏の代わりに「天野式リズム太鼓」を使用していたこと等の理由により、体育教育分野におけるリトミックの普及をなしたと捉えられている傾向にある。しかし、天野によるリトミックは、「音楽リズムの即時身体表現」、「音楽的時価の表現」、「拍の分割」などのJ=ダルクローズによる学習項目が学習内容に含まれており[50]、「天野式」は体育の授業の中で活用された音楽教育であるとも言える。また、現在も天野による子どもの歌が幼児教育や保育の現場で、一日の活動の始まりや季節の合間等に歌われている子どもの歌が教材として複数残されていることなどを鑑みると、体育教育の分野のみならず音楽教育の分野への貢献度も大きいとも考えられる。

天野自身は日本女子体育短期大学教授、日本女子大学講師、貞静学園高等保育学校講師、東京成徳短期大学講師[51]を歴任し、体育や保育を専門に学ぶ学生への指導の傍ら、各地方の保育、幼児教育の現場からの依頼を受けて、幼児を対象とするリトミックの講習を多数行った。現在も私学の小学校、中学校、高等学校の授業内で「天野式」が活用されているところもあるが、学校教育と比較すると多くは幼児教育、保育の現場で実践されている状況に有る。「天野式リトミック」を採用している園が多数存在すること、その実践者は少なくないことから、「天野式」は幼児教育の現場へのリトミッ

クの普及を成したことは明らかである。天野によるリトミックに関する研究は、音楽教育の視点からの検討は多くはなされてこなかった。特に、天野による子どもの歌を中心とした唱歌教育については言及されていない。

本節では天野の教材の中から子どもの歌とその動きについて着目し、リトミックの創案者である J=ダルクローズの *Chansons d'enfants*[52] に収められた子どもの歌と動きとの比較をしていく。天野による子どもの歌と動きを通して、天野の教育法の分析と音楽教育観を探ることは、日本の音楽教育における唱歌と動きの取り扱いについて検討する一助となり得るものであり、日本へのリトミックの導入史の一端を明らかにする上でも意義のあるものである。

天野に関する先行研究としては、小林（1979）[53]による調査、研究が挙げられる。天野の関係者からの聞き取りによる生い立ち、日記に記載されている言葉、教育現場でのリトミック活動の有り様などが報告されている。板野（2013）[54]では「天野式」と称される「天野式テクニック」、「天野式リトミック」、「プラスティック」、「幼児リトミック（天野式）」の各指導法の内容の分析がなされている。その他に、山本（1982）[55] 近藤（1999）[56]、岡本、西本（2009）[57]等による報告を見出すことができるが、これらの中に天野と J=ダルクローズ両者の子どもの歌と動きについて着目した研究は無い。

現在も「天野式」の指導者を対象とした講習会が月に一度開催されており、その教育方法が検討されている。「天野式」の教育内容で使用される教材は天野による作品であり、全てに天野による子どもの動きが付けられている。その中には「おべんとう」、「おかえりのうた」、「こどもの日」、「もちつき」など[58]、幼児教育や保育の現場においても、「生活のうた」や「季節の歌」として、毎日、もしくは季節の節目や行事ごとに歌われている作品が多く含まれている。しかし、現在の保育養成機関で使用されている子どもの歌の教本では、天野の名は作詞者として記述されるに留まり、曲の振付が記載されていないものも少なくない。

天野のリトミックに関する著作は『天野式テクニック・リトミック』と『幼児リトミック（天野式）』、リトミック指導のためのピアノ伴奏法の教本、子どもの歌と動きのための曲集が数冊出版されている。また、体育教育に関する論述が2稿ある。年月経過のために天野式リトミック講習会での配布プリント等の資料が散逸している状況は否めなかった。資料収集および聞き取りは、天野の高弟である永倉栄子、伊藤直江、また天野の先行研究を手がけた小林恵子らの協力を得ることができた[59]。

天野による子どもの歌と動きの教材研究をするにあたり、永倉が保管していた教本『子どもの歌と遊戯』の中から抽出した、天野による作詞、作曲、振付のオリジナル曲を対象とする。また、天野の教材を分析する際に、J=ダルクローズの作詞、作曲、振付による子どもの歌と動きのための曲集、*Chansons d'enfants* を参考にする。

本節の目的は天野による子どもの歌と動きについての全容を明らかにすることである。日本へのリトミック導入に大きく関わった天野の教育法の一端を記録することは重要であり、このことは天野の教育観を探る一つの手立てとなり得るものである　本項では、後年子どもの歌と動きに関わるに至った天野の教育の背景を確認していく。

1－1　天野の受けた女子教育の修業

天野は京都府北部、日本海の宮津湾にある、日本三景の「天橋立」で有名な宮津市（当時は京都府与謝郡宮津町）の出生である。宮津市は古くから天橋立三社巡りなどの名勝観光、信仰聖地参拝などで多くの人が訪れる。宮津は江戸期に藩主が頻繁に変わるが、明治以降もこの地方の政治経済の中心であり続けた。宮津はかつて北前船が来航する交易の要衝であり、丹後ちりめんで栄えた場所である。天野は自分がリズム教育のできる教師になり得たその理由を、「全く幼年期少年期の日本舞踊、三味線、琴の修行の賜物である」[60]と述べているが、芸道人口の多い宮津の地域環境が彼女の幼少期に受けた教

育に大きく関わっているとみてよい。

　西山（1972）[61]は近世芸能の特質について、「武家貴族の遊芸は、そこへ出入りする御用達町人の間に忽ち流行し、それが町人社会にも普及することになっていった」と述べている。城下町の宮津においてもこのような継承がなされていたと言える。現在も宮津の祭りでは湾の水上で宮津節に合わせて子どもたちが太鼓を敲くなどしており、唄、踊り、太鼓などの習い事は、この地方の子どもたちには馴染の深いものである。天野はこの宮津町の商家の次女として生まれ、「私自身も四才から六才迄ならった日本舞踊の価値を四十才すぎて認識、仏前にぬかづいて母に感謝をささげたものである」[62]とあるように、女子教育の修行の一環として幼少期に舞踊を習ったのである。

1－2　小学校教育における天野の子どもの歌と動きの指導

　4才から始めた日本舞踊が身についていたこともあり、小学校から師範学校時代まで、天野は身体を動かすことが大変得意であった。その後天野は小学校訓導として体育の授業を通して子どもの歌や動きの指導に関わることになった。天野が宮津尋常高等小学校の訓導になったのは1910（明治43）年である。

　体操科は1900年（明治33年）に改正された第3次小学校令により、学校教育に於いて正課課目となった。体操遊戯取調委員会は1904年（明治37年）に設置され、1907年に改正された小学校令において、尋常小学校の体操の指導内容に遊戯が2年まで課せられた。唱歌については「1年、2年は唱歌と合わせて週に4時間、3年以上6年までは唱歌と分離して各学年体操は3時間」[63]となった。

　一方の音楽取調掛は体操遊戯取調委員会よりも25年先駆けて1879年（明治12年）に設置されている。音楽取調掛が着手したのは、我が国の音楽教育に西洋音楽を移入する取り組みである。

　しかし、この近代教育の試みが一応の成功を見るまでには、かなりの模索

があった[64]。それまで学制では下等小学校（4カ年）の教科は「唱歌（当分之ヲ欠ク）」と記述されており、下等中学校（3カ年）の教科でも「奏楽（当分欠ク）」という扱いであった。第3次小学校令の下、必須教科目である修身・国語・算術・体操の4科目には音楽は位置づけられておらず、さらに明治40年改正の小学校令においても、唱歌は必修科目とされながらも「唱歌ハ当分ノ内之ヲ欠クコトヲ得」と示されている。

　西洋音楽の教育の普及に長期の年月を要した一因としては、西洋音楽を演奏したり聴いたりする環境が未だ整っていないなど、その実態は環境が国民の実生活とかけ離れていたことや、指導者不足であったことなどが挙げられよう。現在の我が国の教育課程では、体育と音楽はそれぞれ独立した教科として位置づけられているが、天野が小学校で教員をしていた当時は、体操と遊戯と唱歌を同一教科内で教えられていた。

　天野は小学校訓導になってからは学生時代に得意としたダンスと音楽を授業に活かしたいと考えていた。「外国からフォークダンス、体育ダンスの先生が来日、青年会館で講習がある毎に受講した」[65]、また「三十九才迄の私は講習で修業したダンスに、時々自分の創作を加えて体育指導のバックボーンにした。」[66]との記述から、天野が遊戯の指導に熱心であったことが窺える。ここに記された「創作」とは幼少期に習った日本舞踊の一部をアレンジしたものであり、旋律に「タラタラ〜」という音節を付けて歌いながら指導する方法は、天野が経験した三味線や琴の「口伝」が活かされたものであろう。

1－3　天野の受けた西洋音楽の教育と戸倉ハルからの影響

　体育の視察官にダンスの指導法を褒められたことがきっかけとなり、体育教師となった天野であるが、その本心は「音楽教育家になる夢をすてず、ピアノ、声楽、和声学に精進していた」[67]であったという記述がある。天野は音楽での文部省師範学校中学校高等女学校教員検定試験（通称：文検）の合

格を目指すため、東京音楽学校（現在の東京藝術大学）の教授らのレッスンを受けるために職を辞して上京した。天野はピアノを田中寅之助[68]とハンカ・ペッツォルト Hanka Pezzold[69]、声楽を柳兼子[70]、作曲を中田章[71]に師事した。しかし音楽での文検合格は果たせず、その後しばらく天野は戸倉ハル（1896-1968）の伴奏者として講習会に同行する。

　両者の出会いは大正11年で、天野は京都府立第一高女に勤務、戸倉は東京女子師範学校研究科の学生であった。2人は教師仲間を介して知り合い、ダンスの話で協和した。戸倉は東京女子高等師範教授、学校体操教授要目の改正審議員、お茶の水女子大学教授、日本女子体育連盟会長を務め、我が国の幼児教育界に大きな影響を与えた遊戯研究者である。

　天野は戸倉の思い出を以下の様に記している[72]。

　　「私が最も力を入れて学び、教えたのは音楽と体育ダンスであったので、戸倉先生のダンスに関するお話にはすぐひき込まれた」
　　「私が東京に移住した年（中略）二人で講習に歩いた。生来、恵まれた先生のデリケートで甘い感受性は、庭の千草、荒城の月、浜千鳥等の表現（中略）、身にしみてわかるだけに私の歌と伴奏に身がはいる。幸い、当時、音楽の検定試験を受けるために精進していたので、何の苦もなく先生のダンスにのることができた」
　　「三原の女子師範の講習でマズルカを教えられるとき、『伴奏曲がないから、なにか即興でひいてほしい。』といわれた。幸い、かって米人にレコードで習ったマズルカの曲を思い出し、その他いろいろの曲や思いつきをまぜて、五節までどうにかまに合わせた」
　　「新曲に振り付けされるとき、どうしても変格小節が会得できないと、私が根負けするほど何度でもピアノをひかされた」

　これらの記述から、戸倉の要求する伴奏や動きの為の音楽を演奏するため

に、天野が自分の音楽経験を活かして、動きと音楽の関係を追求していた様子が見て取れる。天野は戸倉のダンスの講習会の伴奏者として共に広島、新潟、茨木をまわった。後に幼稚園や保育園の遊戯の第一人者として活躍するようになった戸倉との活動は、天野の教育観に影響を及ぼした部分もあると考えられる。

　本項では天野が幼少期に受けた「習い事としての芸事」である女子教育の修業の経験と、小学校訓導時代に受講した内容に工夫を加味して子どもの歌と動きの指導としたこと、さらに天野の受けた西洋音楽の教育、遊戯研究家である戸倉ハルとの実践について触れた。これらの事柄が、後に手がけた子どもの歌と動きに対する天野の考え方のバックボーンとなっていると思われる。

2　天野による遊戯集

　天野による著作について永倉は次の様に記している。「先生が幼児リトミック指導のために残された本は、リズム遊戯集5冊、ピアノ即興奏法、幼児リトミック、ゆうぎ体操の8冊に分かれておりました。」[73]この記述は、永倉が天野の著作を一冊に纏め、『天野式リトミック』として編集した楽譜資料集の冒頭にある。『たのしいリズム遊戯体操』[74]は作詞、作曲、振付けの殆どが天野によるものであるが、この遊戯集の目的は、天野によって「幼児の体育的技術の向上をはかること」[75]と述べられており、体育教育のための教材である。よって、ここでは検討の対象とはしない。天野はこの他にも、子どもの遊戯のための作品集を戸倉ハルらとの共著で出している。これらの天野の文献の中から子どもの歌と動きの為の作品を取り上げ、曲目ごとに、作詞、作曲、振付を担当した者の名を記した（表3～10）。ただし、楽譜の上部に担当者の記載がなされていない作品に関しても、当該著書の編者は一宮、村山、天野であることから、3者が作詞、作曲、振付の作成に関わっていることは明らかである。特に振付についてはこれまでの資料から拝察し

(表3)　『うたとゆうぎ（秋の巻）』[76]

曲　目	作詞	作曲	振付	備考
とんぼ				作詞、作曲、振付名記載無し
ぶらんこ	一宮道子	一宮道子	天野蝶	
おまつり	村山寿子[77]	一宮道子	天野蝶	
おつきさま				作詞、作曲、振付名記載無し
ぽんぽこたぬき				作詞、作曲、振付名記載無し
あまだれポッタン	一宮道子	一宮道子	天野蝶	
もみじ		天野編曲	天野蝶	作詞、作曲者名記載なし
ちよがみ				作詞、作曲、振付名記載無し
アメチョコさん	村山寿子	一宮道子	天野蝶	
とびましょ	一宮道子	一宮道子	天野蝶	
おかえりのうた	村山寿子	一宮道子	天野蝶	

(表4)　『うたとゆうぎ　こどものこよみ』[78]

曲目	作詞	作曲	振付	備考
おともだち				作詞、作曲、振付名記載無し
おはよう	村山寿子	一宮道子	天野蝶	
おかえりのうた	村山寿子	一宮道子	天野蝶	
おべんとう				作詞、作曲、振付名記載無し
こどものひ				作詞、作曲、振付名記載無し
おかあさまの日				作詞、作曲、振付名記載無し
たなばた				作詞、作曲、振付名記載無し
もちつき	一宮道子	一宮道子	天野蝶	
おしょうがつ				作詞、作曲、振付名記載無し
まめまき				作詞、作曲、振付名記載無し
ひなまつり				作詞、作曲、振付名記載無し
そつぎょうのうた				作詞、作曲、振付名記載無し

（表5）『たのしいリズム遊戯集』1[79)]

組曲 うみ（1. うみ 2. かに 3. かい 4. たこ 5. かもめ 6. ふね）				作詞、作曲、振付者記載無し
工夫さん				歌詞無し、作曲、振付者記載無し
ジャンケン				作詞、作曲、振付者記載無し
ここまでおいで				歌詞無し、作曲、振付者記載無し
なかよし				歌詞無し、作曲、振付者記載なし
かくれんぼ				歌詞無し、作曲、振付者記載無し
きしゃごっこ				歌詞無し、作曲、振付者記載無し
てんてんてまり				歌詞無し、作曲、振付者記載無し

（表6）『たのしいリズム遊戯集』2[80)]

組曲 秋	1. えんそく	村山寿子	一宮道子	天野蝶	組曲中の5曲はそれぞれ作詞、作曲、振付の担当が異なっている
	2. 十五夜さん	一宮道子	天野蝶	天野蝶	
	3. かまきりじいさん	文部省	一宮道子	天野蝶	1)「おまつり」と同曲
	4. おまつり	村山寿子	一宮道子	天野蝶	
	5. 木の葉がちるよ	天野蝶	一宮道子	天野蝶	
おほしさま					歌詞無し、作曲、振付者記載無し
ぼくらとワンワン			天野編曲	天野蝶	作詞者名、作曲者名記載無し
ほら にてるでしょ		村山寿子	一宮道子	天野蝶	
おすもう		山村寿子	一宮道子	天野蝶	「山村」は「村山」の誤植か
たかくなれ ひくくなれ		村山寿子	一宮道子	天野蝶	
うれしいな		天野蝶	一宮道子	天野蝶	
シーソー		天野蝶	一宮道子	天野蝶	

第 2 章　リトミックの普及者 "天野蝶"　　85

（表 7）　『たのしいリズム遊戯集』3[81]）

春の組曲	1．つんつんつくし	一宮道子	一宮道子	天野蝶	
	2．めだかのおにごっこ	一宮道子	一宮道子	天野蝶	
	3．みつばちさん	天野蝶	一宮道子	天野蝶	
	4．さいたさいた	天野蝶	天野蝶	天野蝶	天野のオリジナル作品
	5．あまだれポッタン	一宮道子	一宮道子	天野蝶	1）「あまだれポッタン」と同曲
	6．のっそりこ	一宮道子	一宮道子	天野蝶	
おこりんぼうとなきむし		一宮道子	一宮道子	天野蝶	
ぴょん ぴょん ぴょん		天野蝶	天野蝶	天野蝶	天野のオリジナル作品
たんじょう日		一宮道子	一宮道子	天野蝶	
リズムあそび＝模倣あそび			天野蝶	天野蝶	天野のオリジナル作品 歌詞無し
隊形あそび			天野蝶	天野蝶	作詞者名記載なし

（表 8）　『たのしいリズム遊戯集』4[82]）

おはよう	村山寿子	一宮道子	天野蝶	2）「おはよう」と同曲
おかえりのうた	村山寿子	一宮道子	天野蝶	1）2）「おかえりのうた」と同曲
たん たん たんぽぽさん	村山寿子	一宮道子	天野蝶	
こぶたさん	柴野民三[83]）	一宮道子	天野蝶	
アメチョコさん	村山寿子	一宮道子	天野蝶	1）「アメチョコさん」と同曲
おたまじゃくし	一宮道子	一宮道子	天野蝶	
かえるのうた		ドイツ曲	天野蝶	日本語作詞者名記載無し
ぶらんこ	一宮道子	一宮道子	天野蝶	1）「ぶらんこ」と同曲

ぞうさん	一宮道子	一宮道子	天野蝶	
とびましょう（ママ）	一宮道子	一宮道子	天野蝶	1）「とびましょ」と同曲
くまのこ	佐藤義美[84]	一宮道子	天野蝶	
あそびましょうよ	一宮道子	一宮道子	天野蝶	
もちつき	一宮道子	一宮道子	天野蝶	2）「もちつき」と同曲

（表9）『たのしいリズム遊戯集』5[85]

もみじ		天野編曲	天野蝶	作詞者名、作曲者名記載無し
トンネル あそび	天野蝶	天野蝶	天野蝶	天野によるオリジナル作品
おんぷ あそび	天野蝶	天野蝶	天野蝶	天野によるオリジナル作品
お客さま		天野編曲	天野蝶	作詞者名、作曲者名記載無し
カッチン カッチン		天野編曲	天野蝶	作詞者名、作曲者名記載無し
ヒコーキ		天野編曲	天野蝶	作詞者名、作曲者名記載無し
おててとあし		外国曲	天野蝶	歌詞無し、天野による編曲
だるま さん		天野編曲	天野蝶	作詞者名、作曲者名記載無し
コンコン こ山		天野編曲	天野蝶	作詞者名、作曲者名記載無し
夕立	天野蝶	天野蝶	天野蝶	天野によるオリジナル作品

（表10）『幼児リトミック《天野式》』[86]

リズムあそび 模倣あそび		天野蝶	天野蝶	歌詞無し、5）の曲とは異なる
あそびましょう		天野蝶	天野蝶	歌詞無し、6）の曲とは異なる
あか．しろ．あお	天野蝶	天野蝶	天野蝶	天野によるオリジナル作品
ピカピカほし		天野編曲	天野蝶	歌詞無し、天野による編曲

（表3～10　2013年板野作成）

ても、その殆どが天野によってなされている。

　天野の初期の遊戯集は戸倉、天野、一宮の共著である。作曲者として多く

記されている一宮については、天野は「天野式リトミックをよく理解し、効果的な音楽を作曲する人物」と評していたという。一方の戸倉については、共著者として名はあるが、作詞、作曲、振付に戸倉がどの程度関わっていたのかを示す資料は見当たらなかった。天野の文献の発行年を見ると、『うたとゆうぎ（春の巻）』[87]と『うたとゆうぎ（秋の巻）』が1948（昭和23）年、続く『うたとゆうぎ　こどものこよみ』は1949年に出版されている。

　1948（昭和23）年当時の戸倉は既に遊戯研究の第一人者として活躍しており、晩年まで30冊余りの遊戯集、翻訳等を執筆している[88]。大正・昭和前期の土川五郎（1871-1947）は唱歌遊戯、律動遊戯、表情遊戯の最盛期を構築した人物であり、戸倉は土川の影響も受けていたとされる[89]。土川は自身の論文の中で「子供は音楽についての大藝術家である」[90]とJ=ダルクローズの言葉を引用し、続けて「彼の幼稚園や小學校で興ふる唱歌は大人よりも早く巧みに取り入れ又これを樂しむものである」[91]と述べて、子どもが遊びの中で歌を自然に楽しむように、遊戯においても歌うことを楽しむことが肝要であるとしている。当時の日本の遊戯においてもJ=ダルクローズの教育観が影響を及ぼしており、リトミック留学を果たして帰国した天野らが関わったこの3種の『うたとゆうぎ』には戸倉、一宮、天野を介してJ=ダルクローズの教育観が反映されていると考えられる。

　天野にとって『うたとゆうぎ』の出版は、子どもの歌と動きを研究する大きなきっかけとなった。「体育の基本訓練として（中略）幼稚園及び小学校低学年は（中略）単にリズム遊戯を指導していたが、約二十年前からミュージックプレイの名で（中略）簡単な和音進行（カデンツ）でリトミックの真似事をしてみて驚いた」[92]という記述と、「昭和二十四年頃ミュージックプレイの名のもとに幼児リトミックをはじめてから十六年間、その教育効果の素晴らしさに私は驚嘆とよろこびに奮起した。そして生まれたのが以下詳述する天野式幼児リトミックである。」[93]という記述をみると、3種の『うたとゆうぎ』が出版された1949（昭和24）年以降、天野は「幼児リトミック《天

野式》」を創案し始めたといえる。

　一方の『たのしいリズム遊戯集』全5巻は、『幼児リトミック《天野式》』と同年の1964年に発行されており、天野の子どもの歌と動きについてのリトミック観が反映された曲集であるといえよう。作詞、作曲、振付け全てを天野が手がけたオリジナル曲も含まれている。

3　天野によるリトミックへの子どもの歌と音楽と動きの活用

　一般的に「天野式」は、「体育的な動きの幼児リトミック」や「天野式太鼓」がイメージされることが多いようであるが、実際にはその一方で天野は子どものための歌と動きの作品を数多く残していた。ここでは『たのしいリズム遊戯集』全5巻及び『幼児リトミック《天野式》』に収められた曲の中から、天野によって作詞、作曲、振付がなされたオリジナル作品を抽出する。天野によるオリジナル作品は6曲であった。

　天野の子どもの歌と作品は、幼児が理解しやすい生活の中からの題材、子どもの音域に合わせた歌いやすい旋律、子どもが無理なく動くことのできる振付で構成されている。また、伴奏はⅠ、Ⅳ、Ⅴの機能和声を使用し、子どもにも基本的な和声感を養わせることができる。密集や分散和音を使用し、アルベルティ・バスやスタッカート、オクターヴの使用等の変化を持たせてはいるが、これらは高度なピアノテクニックを要求するものではなく、ピアノ学習経験を数年積んだ幼児教育指導者が取り組みやすいような配慮がなされている。子どもには前奏を聴きながら拍子を感じ取らせ、行進やジャンプではアクセントを意識させている。「おんぷあそび」に見られるように、歌と動きの活動をしながらリズムの呼称をさせる等、リズムの学習を目的とした作品もある。これらのことから、天野が子どものための歌と動きの作品を通して、子どもにはリトミックを活用した音楽的能力の養成を、幼児教育者にはリトミック活動を取り入れるように考えていいたことは明らかである。

　自作の歌と動きをコンビネーションさせて教材としている取り組みは、

第2章　リトミックの普及者"天野蝶"　89

（表11）　天野のオリジナル作品の内容

曲　目	リズム、旋律、和音等	（詩の内容）【動き】　その他
さいたさいた F dur　2/4 音域ヘ～ハ	16分音符、8分音符、メロディは音域も幼児向けであり簡素で歌いやすい 右手伴奏旋律に臨時記号、16分音符	（れんげ、すみれ、チューリップが咲いたよ）【前奏聴く、円の隊形を作る、片膝立、膝屈伸、拍手、手で花の形を作る、羽ばたき、拍に合わせ走る】
ぴょんぴょんぴょん G dur（F: の誤表記）2/4 音域ト～ニ	4分音符と8分音符で構成された簡素なリズム 歌の9小節目の下向旋律、次の4度跳躍に留意して歌わせる	（うさぎ、かえる、すずめになってぴょんぴょんしよう）【前奏聴く、拍手、動物の模倣、ランニングターン、ジャンプ】
トンネルあそび C dur　2/4→4/4 音域ハ～ハ	スキップのリズム、旋律はハから順次進行の上行形で歌いやすい Ⅰ、Ⅳ、Ⅴの和音、密集形多用	（トンネルをくぐりながら、ピアノと声の合図を聴こう）【座る、立つ、拍手、手を振る、膝たたき、行進、くぐる、旋回する、号令に合わせて行う】
おんぷあそび F dur　2/4 音域ヘ～ハ	8分音符、4分音符、2分音符 旋律は主音から2～3度の順次進行で歌いやすい Ⅰ、Ⅳ、Ⅴの伴奏	（しぶ、にぶ、ハップと名前をつけて音符を覚えましょう）【円の隊形を作る、お互い向き合い両手打ち、指差し、両手挙げ、両手腰片足膝を曲げる、歩く】
夕立 D dur　2/4 音域ニ～ニ	16分音符、スキップ、8分音符 旋律は簡素で歌いやすい アルベルティ・バスの伴奏形	（夕立、雷、雨が降ってきたから早く帰ろう）空を見る様子、両手を上にあげる、両手を耳にあて膝を曲げる、拍手しながらランニング、駆け足行進】
あか．しろ．あお D dur　4/4 音域ニ～ロ	4分音符、8分音符、付点4分音符、旋律は簡素で歌いやすい Ⅰ、Ⅳ、Ⅴの伴奏	（赤、白、青の丸を作ろう）【赤、白、青のグループに分かれる、前奏は手をつないで上下に振る、足ぶみ、拍手、膝の屈伸、前進、後退、行進】

（2013年板野作成）

J=ダルクローズにも見ることができる。子どものための作品についての考えをJ=ダルクローズは以下の様に述べている。

　　20年前、私は子供向けの歌曲小品をいくつか作曲したが、それを歌うときには、身体の動きで拍節を区切るよう指定した。さて、私は音楽の嫌いな子や、歌の嫌いな子どもたちが、動くことが好きであるがために、終いには歌うことが好きになるということを度々確認している。音楽の二つの基本的要素は、リズムと音響（sonorité）である。よく、聴取能力に乏しい子どもを終いには音楽好きにするのは、リズミカルな動きへの愛好なのである[94]。

　J=ダルクローズは歌や動きを子どもが愛好するのは自然なことであり、音楽好きな子どもたちを育成するためには「ことば、所作、音楽の三者を一体化」[95]することが必要であるとして、子どもの歌と動きの作品 *Chansons d'Enfants*[96]を作ったのである。以下に曲目を表記する。

　この曲集は英訳でも紹介されており、J=ダルクローズの子どもの歌の教材として代表的な作品と考えることができる。作曲家J=ダルクローズは和音進行や伴奏形の複雑さにより、快活さや情緒的なニュアンスを表現しているが、子どもの歌のリズムは主に8分音符や16分音符、4分音符で構成されている。複合拍子や変拍子はあるものの、歌いながら動いている子どもが混乱をしない程度に使用されている。全ての曲が12小節ほどで完結している天野の作品と大きく異なるのは、1番が50小節以上にもわたり、リピートされた3番もしくは4番まで劇のようにストーリーが展開され、それに合わせた配役ごとの動きが、集団とグループに分かれてつけられていることである。この様に異なる部分もいくつか見受けられるが、天野とJ=ダルクローズは子どもの「運動—触覚知覚、空間感覚・旋回感覚」[97]を整備し、精神と身体を調和させることを目指すリトミックの一方法として、歌と動きを融合した

(表12) *Chansons d'Enfants* の目次

Ⅰ. La toute petite maison（とっても小さなお家）
Ⅱ. Madam'la Neige（雪のご婦人）
Ⅲ. La petite abeille（小さなミツバチちゃん）
Ⅳ. Le coucher de Bébé（赤ちゃんのねんねの時間）
Ⅴ. Les souris se sont vengées（ネズミたちの仕返し）
Ⅵ. La promrnade en pousette（乳母車でお散歩）
Ⅶ. Le jeu du chemin de fer（汽車あそび）
Ⅷ. La Visite chez la Dame（貴婦人をご訪問）
Ⅸ. L'omelette au chocolat（チョコレートのオムレツ）
Ⅹ. Réponse de la petite fille bien sage（小さな良い女の子の思い出）
Ⅺ. La Danse a la Corde（縄跳び）
Ⅻ. Rividididiti（リヴィディディティ）

（　）内の邦訳は板野による

活動を用いたといえる。

　天野はリトミック留学を終えて帰国したものの、体育教育にリトミックを活用するには当時の体育学生はピアノの演奏経験が少なく、J=ダルクローズのリトミックをそのまま導入するには困難であったため、いくつかの方法を考えて「天野式テクニック・リトミック」を案出するに至っている。日本ではそれ以前より、土川や戸倉らによって盛んに遊戯研究がなされており、子どもの動きと歌の融合は行われていた。天野がリトミックを幼児教育に取り入れる際に、「子どもの歌と音楽と動き」という遊戯と近似の方法で行ったことが、その後の日本の幼児教育分野でリトミックが受け入れられるきっかけになったともいえる。しかしこの方法は単なる思い付きではなく、J=ダルクローズの述べる「ことば、所作、音楽の三者の一体化」と同義のことである。子どもの音楽的能力を育成する為に、子どもの歌に動きを付けた教材を作るという天野の考えは、子どもの歌には動きが必要だと考えたJ=ダ

ルクローズの理念と共通のものである。歌と音楽と動きを子どものリトミックに活用したことは、日本においては天野のオリジナリティの高い方法であった。

4　日本女子大学におけるリトミック

　天野は1955（昭和30）年頃より日本女子大学の講師となっている。筆者は元日本女子大学附属豊明小学校（以下、豊明小学校と記す）教諭の湯浅弘子から、天野の取り組みについての聞き取りを行った[98]。本項では、天野の勤務校の一つ、日本女子大学におけるリトミックについて考察を加えていく。

　これまで、音楽教育としてのリトミックの導入史上、小林宗作がその先駆者であるとの評価がなされてきたが、板野（2015）[99]によって、小林以前にリトミックを学校教育で実践した白井規矩郎（1870-1951）の取り組みが報告された。白井は日本女子大学校[100]の授業において、音楽教育法のリトミックを「韻律體操」と称して実践していたのである。

4－1　白井規矩郎によるリトミック教育

　日本女子大学は、わが国の女子教育の中心的役割を担う私立大学であり、白井はその初代体育教師である。白井は文部省音楽取調掛（現東京藝術大学）の出身であることは馬場（2014）[101]によって明らかにされている。白井は師範学校の音楽教師であり、米国の音楽教科書の訳出や、音楽指南書等を著す音楽研究者であった[102]。

　その白井を学校創立当初の1901年より招き入れたのは同校の創設者、成瀬仁蔵（1858-1919）である。成瀬は以下のように述べている。

　　　真の自由とはなんであるか。（中略）あなた方が体操をするのでも（中略）だんだん身体が自分の意思に従って働くようになり、ついには全く無意識で少しも努力しないでもよく音楽にも合って、美を表すことがで

きるようになる。これは練習によって初めて得ることのできるもので、わがまま、利己などは自由の敵である[103]。

成瀬は音楽に合わせて自由に身体を動かすことができることは、精神を自由にすることであると考えていた。

一方の白井は音楽の専門家として遊戯にも研究の目を向けており、自書の冒頭のページに「遊戯の目的たる等しく自他を慰樂せしむるものにして或は体育に關するあり（中略）之れに依り體軀の不健なるものを強健となり鬱性なるものも快活なる氣風に變する等の公益あるべし」[104]と体育への見解を述べている。湯浅は日本女子大学同窓会会報へ「成瀬仁蔵と体育―リトミック―」と題し、以下のように記している。

　　成瀬先生は明治29年に著書『女子教育』の中で、知育、徳育と共に「体育」について言及している。その「体育」の構想は、明治34年の日本女子大学設立に先立って、アメリカの科学的理論に基づく体育教育を見聞していたことからもたらされたもので、それを成瀬先生は大学で実現しようとした。（中略）そのために白井規玖郎先生を筆頭にして、多くの優れた教授陣が集められ、その当時全ての学部で必修科目として体育の授業が行われた[105]。

成瀬は女子教育を担う中心人物としての役割を期待して、自分と近似の教育観を持つ白井を体育教師として日本女子大学校に迎え入れたのである。湯浅の報告に示されている「アメリカの科学的理論に基づく」教育を目指すべく、白井は日本女子大学校に就任後、欧米で実施されている運動、遊戯、行進曲等を[106]、著書や訳書として積極的に紹介し、成瀬の教育理念の実現を図ったのである。その取り組みの一環としてリトミックが日本女子大学校において実施され、著書『韻律體操と表情遊戯』[107]においてリトミックの紹介

と実践の報告がなされたのである。リトミックを韻律体操と表記してはいたが、本著の発行は1923（大正12）年であった。小林宗作が渡欧する以前に、白井がリトミックを教育現場において実践していたのは明らかであり、日本女子大学校において音楽教育法であるリトミックが体育への有効性を期待され実践されたことは、リトミックの日本への導入史上、注目に値する。

4－2　白井規矩郎と天野蝶の接点

　白井は1901（明治34）年から1944（昭和19）年まで日本女子大学校に勤務した[108]。白井の著書『韻律體操と表情遊戯』に掲載されている写真や、運動会葉書（写真1）や記述には「韻律体操」「律動遊戯」「調律体操」という語が見られ、日本女子大学校では幼稚園から大学までの一貫教育のもと、リズム教育がなされていることが伺える。

　学園新聞の記事[109]には1901（明治34）年10月22日、第1回目の運動会は評議員渋沢栄一の別邸庭園で開催されたこと、第4回からは観客が8千人を越え、正門前が「車馬市をなし通行壮絶の有様」であったこと、プログラムは競争的遊戯、表情的体操、技術的運動など多様な運動からなり「全国に向って常に材料供給の源泉」と評され、日本女子大学校の運動会で公表される内容が、体育教育のパイオニア的役割を果たしていたことが記されている。

　これほどの注目を集めた運動会において、白井は日本女子大学の教育を広く世に知らしめる重要な役割を果たし、そのプログラムには「韻律体操」も取り入れられていたのである。白井は1938（昭和13）年には健康上の理由で一旦退職を願い出たが、当時の第4代校長、井上秀から慰留され、1944（昭和19）年まで職籍をおいていた。

　一方の天野は、1943（昭和18）年の2月から豊明小学校においてリトミックを指導している。このことについては豊明小学校の副読本「学校の歴史」に以下の様に紹介されている。

リトミック
　昭和六年（一九三一年）、天野蝶先生はパリでリトミックを勉強されました。帰国後、豊明初等学校において、昭和十八年（一九四三年）二月十三日より毎週土曜日に、リトミックの授業を行うことになりました。
ありがとう音楽会
　昭和十八年（一九四三年）三月三日に陸軍病院の傷病兵をまねき、幼稚園と合同で『ありがとう音楽会』を開催しました。この音楽会では、音感と遊ぎ、りつ動練習などのリトミックが行われました[110]。

　このページには天野が「天野式タイコ」を携え、小学校でリトミックを指導している写真が掲載されている。写真には「体育　リトミック」という表題がつけられており、白井が日本女子大学校で実施したリトミックが、天野による小学校、幼稚園での実践として継続性を持って教育されていったことが判る。
　豊明小学校の80年史を見ると、教職員名簿には2節でも触れた一宮道子の名も連ねられており、天野、湯浅ら日本女子大学でのリトミック教育に関わった人物の名と在職期間が確認できる[111]。天野が日本女子大学校でリトミックを教えることとなった経緯に一宮が関わっていた可能性は高く、このことについては湯浅も「天野先生は音楽の一宮道子先生とのご縁もあって昭和18年から33年まで豊明小学校でリトミックを指導なされ、その後今江・湯浅にと引き継がれた。その間大学の児童学科でも昭和42年まで指導なさった」[112]と記している。
　一方、白井と天野がお互いを知り得ていたという記録については、双方の著作、書き残されたメモ等を概観しても、互いに相手の名を書き留めている箇所は見当たらない。しかし次の白井の記述に注目したい。

　　音樂に調和した體操を教えやうと云ふには、どうしても其の教師とな

る者は、體操の心得もなけりやならぬし、又多少音樂の思想がなければやつて行くことが出来ませんのですから、今の所では幾ら此の方法が女子に適する、又有益であると言つた所で、迚も完全にやつていかうと云ふことはむつかしいのですから、總ての女學校に之を普及させると云ふことは當分は難しいことだらうと思ふ、けれども早晩、女子の體操にはどうしても音樂を調和せんければならぬと云ふことは、一般に行なはれるに違ひなからうと思ふて居ります[113]。

ここに見られる「音樂に調和した體操」については、「音樂が必要であつて（重にピアノ）その音楽の強弱、緩急に應じて動作をいたします、音樂の音の強い所は強く、又緩くりした所は緩り運動をして行く、それでやる者は、音楽に依て知らず識らず興味を持つていく」[114]と示されている。これは白井が日本女子大学校に勤務した5年目の1906（明治38）年に記されており、女子教育に携わった初期の段階から音楽と身体の動きを関連付けた教育に関心を持っていたことが判る。白井はこの「音樂に調和した體操」を、女子体操のみならず一般の教育にも広げる必要があると考えていたのである。そして、教師は音楽にも体育にも通じていることが大切であると述べている。

このことは、J=ダルクローズが『プラスティック・アニメ』において「体育の教師が、身体運動の本質的表現がもう少し自由に調和することに気づいてくれたら、（中略）体操という観点から訓練を受けたものが、気楽に自分たちの動きをリズムに合わせることや、早い動きの後にゆっくりした動きをすること（中略）、四肢の1つで力のクレッシェンドを実行しながら同時にディミニュエンドを別の四肢で実行すること」[115]などが実現できれば、という希望を述べている部分に近似の見解を見ることができる。また、J=ダルクローズは「音楽の教師たちは、音楽から始めて結果として体操や特別な体操に行きつくのである」[116]とも述べており、白井も天野も正にJ=ダルク

ローズのリトミックの理念の一部を共有していた人物であると言えよう。

　先述の本章 2 節にあるように、天野の幼児リトミックは1949（昭和24）年ごろに確立されている。1943（昭和18）年に豊明小学校や幼稚園でのリトミック指導を行い、以降、終戦後には天野の講習記録によると[117]、「講習講演　昭和21年以降」のページからは、1946（昭和21）年から1963（昭和38）年までの17年間、実に370ヶ所以上で開催された事柄が記録されている。「幼児リトミック」の確立には、豊明小学校や幼稚園、さらに各地での子どもへのリトミック教育の実践による経験が少なからず影響を与えていたと考えられる。その後に天野は1955（昭和30）年 4 月頃[118]より1968（昭和43）年 3 月まで日本女子大学の講師を務め、白井のリトミックは天野へと継承されたのである。

4 － 3　湯浅弘子に継承された日本女子大学のリトミック

　わが国の音楽教育の中にリズム教育を先駆けて導入した日本女子大学が、白井の実践したリトミック教育の後任として天野を講師として招き入れたことは、白井と天野の両者が近似のリズム教育観を持っていたことも然ることながら、創設者である成瀬の求める女子教育にリトミックが果たす教育的意義があるものと判断したためであろうと推察される。

　その日本女子大学の附属校である豊明小学校において長年リトミック教育に携わってきた湯浅は、高校時代に舞踊家江口隆哉（1900-1977）に舞踊を学び、日本女子体育短期大学においても江口の指導を受けた。また、同時期に約 1 年間石井漠（1886-1962）の稽古場にも通っている[119]。日本女子体育短期大学卒業と同時に日本女子体育大学の 3 年次に編入し、戸倉ハルの研究室生となり、指導を仰いだ。

　ここに名を連ねる江口、石井は、舞踊の有り様は異なるが、日本のモダンダンスの基礎を築きあげたわが国を代表する舞踊家であり、戸倉はわが国の遊戯研究の第一人者として名高い。さらに湯浅は天野から「天野式リトミッ

ク」を学んだ。湯浅は体育・舞踊・リトミックの基礎と理念を学んだ技量を天野に評価され、日本女子大学を卒業した1967（昭和42）年に日本女子大学附属豊明小学校の教諭となったのである。

　天野は体育教師であり、戸倉の遊戯講習会の伴奏者として身体と音楽の関係性を探求し、パリではリトミックを学ぶ傍ら舞踊も学んでいる。湯浅は体育教育を専門とし、舞踊を学び、戸倉の指導を受けており、天野とはいくつかの共通点を持っている。わが国の身体表現の黎明期に活躍した表現者や教育者らの下で、身体の動きと音楽の関係性について学んだ湯浅は、「天野式リトミック」の方法を忠実に継承することが可能な人物であった。

　湯浅は日本女子大学の通信教育課程でも学生にリトミックを指導している。湯浅の教え子である馬場は、日本女子大学通信教育課程の学生当時、湯浅から天野蝶、一宮道子、村山寿子らが手がけた『リズム遊戯集』を作成したエピソードを聞いており、豊明小学校でリトミックが続けられていることは「一筋の光のようにも感じられ」[120]る、と記している。

　湯浅の退職を機に行うこととなったリトミックの集いは、卒業生を対象に情報が周知された。豊明小学校同窓会によると、このイベントの参加者は約400名と報告されている。湯浅は以下のように述べている。

　　卒業生から「もう一度リトミックしたい。太鼓の音を聴きたい。リトミックの授業を見せてほしい。」との声があり、最初は30人位でリトミックをするということになった。ところが口コミだけなのにどんどん人数が増えていき最終的には340人ぐらいになった。クラブ・同好会など、先輩・後輩と伝わっていったようだ。豊明っ子の素晴らしさ！日本女子大学の一貫教育の素晴らしさ！を感じた。当日蓋を開けてビックリ！余りの人数に唯々感激のみであった。当日集まった豊明小の57回生〜88回生、なんと32年間の開きがあるにもかかわらず、太鼓のリズムとともに全員が揃って出来てしまうという素晴らしさ、小学校時代に体で

覚えていた、筋肉が覚えていた、という恐ろしさを感じた。
　これこそ成瀬先生の理論には天野式リトミックの理論が包括されているように思った。（中略）これからも豊明小学校が、成瀬先生の「体育」の三大目的を意識しながら、現代の子ども達の発育発達に合わせてリトミックを続けていくことを願っている[121]。

　ここで述べられているように、何期生もの340名以上の卒業生達が一斉に、一瞬にして小学校時代に学んだリトミックを再現したその瞬間は、湯浅本人のみならず、卒業生達にとっても感動的な出来事であったろうと思われる。卒業生の一人、風間敬子[122]は所用でそのイベントには行けなかったが、その後の交流会に参加した折の様子を記憶している。その場では「何十年ぶりかで湯浅先生の号令を聴いたのに、全員がピッと揃って、自然に身体が動いたのよ！」「え、その短いスカートで動いたの？」という会話が飛び交ったという。また、2014（平成26）年4月、日本女子大学において開催された「第34回ホームカミングデー」では、キャンパス内施設「百年館」を会場にして湯浅によるリトミックの集いが行われた[123]。
　筆者、湯浅、風間の3者との席で、風間は湯浅に「私がリトミックを習ったのは、…40年前ですよ、先生。先生の授業は、とても怖かった。運動会とか、大変でした。」と感慨深げに語ったが、豊明小学校においてリトミック教育を受けた誇りと自信が、現在も卒業生らには受け継がれているのを窺い知ることのできるエピソードである。白井から日本女子大学のリトミック教育を引きついだ天野以降、豊明小学校では天野の弟子による湯浅を主として、リトミック教育が脈々と継続されてきたのである（表13）。
　表に見る通り、豊明小学校におけるリトミック教育は、奥村、中山、湯浅、鏡へと継続性をもって実施されている。学園全体では対象が幼稚園生、小学生、大学生と幅広い。白井は43年間、天野は25年間、奥村は8年間、中山は2年間、湯浅は43年間、鏡は2015年現在で5年間、日本女子大学のリト

(表13)　豊明小学校での天野式リトミック指導者

指導者	期　間	実施学年	備　考
天野　蝶	1943年2月、3月	幼稚園児、小学生	大学では1958年～1969年[124]
	1946年4月～1958年3月	小学校3年生以上	
奥村京子	1957年4月～1965年3月	小学校全学年	天野の弟子
中山ふじ子	1965年4月～1967年3月	小学校全学年	天野の弟子
湯浅弘子	1967年4月～2010年3月	小学校全学年、4年生以上、大学（通信制）	天野の弟子
鏡　正代	2010年4月～	小学校4年生以上	湯浅の教え子

（2015年板野作成）

ミック教育に携わっている。注目すべきは、白井も湯浅も43年間という長期に亘って日本女子大学内での教育に携わっていることである。

　白井がリトミックをリズム教育に採りいれた年が明確に記されている資料は見当たらないが、『韻律體操と表情遊戯』は1923（大正12）年6月に発行されている。「韻律体操」の章には運動会や授業でリトミックを行う学生の写真が納められており、この写真が原稿執筆中の1921年には撮影されていたと仮定すると、白井は1920（大正9）年には授業においてリトミック教育を実施していたと考えられる。

　日本女子大学のリトミックは、白井、天野以降の数人を経て、湯浅による継続があって今日に至っている。日本女子大学におけるリトミック教育は、悠に100年ほどの歴史を持っており、我が国のリトミック教育に日本女子大学の教育の果たしている役割は大きい。

　筆者は湯浅から「これが日本女子大学でのリトミックの全容ではないが」との言葉と共に、その内容を記した学年ごとの指導案プリントの提供を受けた（表14）。

　湯浅の希望により一部の記載のみであるが、右の欄には教材として取り上

(表14) 湯浅による学年ごとのリトミック指導案

1年	音符の実現	・・・音符の長さを手で打たせる
2年	拍子の実現	・・・（柔軟運動）
3年	音符の実現 拍子の実現 腕の回旋 音名	・・・HOPで交代
4年	音符の実現 拍子と音符の実現 休止符による音符の分割	・・・手・足　一緒or色々
5年	リズム暗記A 音符の実現 拍子の実現 リズム暗記B	・・・ 異拍子
6年	動作カノン 運動会発表	・・・

（2015年板野作成　一部のみ抜粋）

げる音符の種類、身体の動き、活動内容などが詳細に記されており、豊明小学校でのリトミックがどのようなものであったかを知りえる資料である。本章2節2項にある、天野のオリジナル作品に見られる動きの内容が包括されている。音楽の学習の項目が左の欄に記載されてあることに注目したい。昭和18年当時、日本女子大学ではリトミックを「音体」[125]とも称している。湯浅は白井の述べる「音楽に調和した體操」教育を天野式リトミックによって継承したのである。

まとめ

　天野研究においては「天野式リトミック」の内容や方法についての検討も多くなされるところではあるが、一方、天野が関わった日本女子大学におけるリトミック教育の一端を明らかにすることができた。白井が日本女子大学

の初代体育教師としてリズム教育に採りいれたリトミックが、天野、湯浅を経て現在まで継続していることから、我が国の教育機関としては最も早い時代から、長年にわたってリトミックが行われているという事実を明らかにすることができた。

(写真1) 昭和5年の運動会におけるリトミック発表

注及び参考文献
1) 本論では1970年に天野が使用した「工夫して考え出す」という意味の語、「案出」を採用した。
2) 小林恵子 (1979)「パリのリトミック学校に学んだ、もう一人の幼児教育者—天野蝶の歩いた道—」国立音楽大学研究紀要第14号
3) 天野蝶 (1969)『天野式テクニック・リトミック〈体育ダンス及び一般体育基本〉』共同音楽出版社
4) 天野蝶 (1966)『幼児リトミック《天野式》』共同音楽出版社

5) 小林恵子（1979）前掲書、p.55
6) 天野蝶（1966）前掲書、まえがき
7) 山本数子（1982）「リトミック運動を普及させた天野蝶について」日本女子体育大学研究紀要12号、岡本昌代、他（2009）「保育学会における「体育」の授業内容の考察―幼児体育と「天野式リトミック」が融合した「リトミック体操」について―」東筑紫短期大学研究紀要40号において、体育教育の視点から検討がなされている。
8) 天野蝶（1969）前掲書、p.29
9) 戸倉ハル、他（1948）『うたとゆうぎ』二葉書店と、一宮道子、他（1957）『たのしいリズム遊戯集』共同音楽出版社などが挙げられる。
10) 天野蝶（1978）『ピアノ即興奏法カデンツ応用』共同音楽出版社と、天野蝶（1970）『ピアノ即興奏法：天野式幼児リトミック指導用：幼稚園・小学校低学年用』共同音楽出版社が挙げられる。
11) E・J=ダルクローズ著、山本昌男訳（2003）『リズムと音楽と教育』全音楽譜出版社、pp.80-88
12) 文部省（1972）『学制百年史（記述編、資料編共）』ぎょうせい
13) 松浪稔（1995）「明治期における小学校体操科の内容に関する研究―第3次小学校令（明治33年）を中心にして―」、教育学雑誌29号
14) 天野蝶（1969）前掲書、p.20
15) 天野蝶（1969）前掲書、p.21
16) 岡田俊彦（1988）『教科教育「体育」』多摩印刷、p.43
17) 板野晴子（2012）「日本におけるリトミック移入史―太田司朗の関わりを中心に―」立正大学社会福祉研究所年報第14号、pp.41-62
18) 板野晴子（2012）「小林宗作によるリトミック移入と新渡戸稲造による示唆」、ダルクローズ音楽教育研究通巻第36号、日本ダルクローズ音楽教育学会、pp.16-28
19) 国立音楽大学附属小学校校長横澤敬蔵氏への取材及び資料閲覧。（2011.10.17、2011.10.24）
20) 天野蝶（1966）前掲書、p.34
21) 同上書、p.35
22) 同上書、p.38
23) 同上書、p.38
24) 天野蝶（1969）前掲書、p.30
25) 天野蝶（1966）前掲書、p.92

26) 同上書、pp.41-43
27) 小林恵子（1979）前掲書、p.57
28) E・J= ダルクローズ著、山本昌男訳（2003）前掲書、pp.56-72
29) 天野蝶（1969）前掲書、p.30
30) フランク・マルタン、他著、板野平訳（1977）『エミール・ジャック＝ダルクローズ』全音楽譜出版社、p.372
31) 天野蝶（1969）前掲書、p.30
32) 天野蝶（1966）前掲書、p.45
33) 「一般体育」は、『天野式テクニック・リトミック』のサブタイトル及び文中で複数回使用されている語であり、p.22の「小・中・高・大学の体育」を指すと思われる。
34) E.Jaques-Dalcroze（1920）*Le rythme, la musique et l'éducation*, Suisse, Édition Fætisch
35) 天野によるリトミックで使用されている語については、天野の教え子である伊藤直江氏に聞き取りを行った。例えば「柔軟」の動きの詳細については著作内には記されていない。亀のように首を竦め、すとんと肩を落として力を抜くという方法などがあったという。聞き取りは小林恵子氏同席の下、国立市小林宅にて行った。（2012.11.9）
36) 同上聞き取りによる。「粘り」については、サッと速度をつけて動かすことをせずに、手足の力をコントロールしてゆっくりと動かすマダム・ミラシュルル（天野がパリで学んだダンス教師）の方法を天野が取り入れたものであるという。（2012.11.9）
37) 天野は「上伸」「側伸」「前後伸」という手の変化や「右向き」「左向き」という方向の変化など、手足の関節を意識しながら動作をする方法を挙げている。
38) E.Jaques-Dalcroze, *ibid*（1920）p.62 Mesure ＝小節
39) E.Jaques-Dalcroze, *ibid*（1920）p.66では、以下の通り項目16と17の間の文節が途切れている。

 16° *Contrepoint corporel* et

 17 ° *Polyrythmie.*
40) 天野蝶（1969）前掲書、p.38、p.77参照。天野はつま先を「足尖」と記している。
41) 2012年に板野が作成した表の内容を、天野式の指導者である湯浅弘子氏に確認を得ることができた。2015年に湯浅の助言を得て再編したものである。
42) 5－2に示された動作の詳細は、永倉栄子編（1983）『天野式幼児リトミック』

チャイルド本社にイラスト入りで記されている。
43) 天野蝶（1969）前掲書、p.27
44) 同上書、p.26
45) 同上書、p.29
46) 同上書、p.106
47) 天野蝶（1966）前掲書、p.15
48) 同上書、pp.17-18
49) 同上書、p.18
50) 板野晴子（2013）「天野蝶による日本へのリトミック受容に関する一考察―天野の指導内容を視点として―」『ダルクローズ音楽教育研究』Vol.37、日本ダルクローズ音楽教育学会、p.10参照
51) 天野蝶（1966）『幼児リトミック〈天野式〉』共同音楽出版社、p.126
52) E.Jaques-Dalcroze（1904）Op.42 *Chansons d'enfants*, Paris, Édition fætisch
53) 小林恵子（1979）「パリのリトミック学校に学んだ、もう一人の幼児教育者―天野蝶の歩いた道―」国立音楽大学研究紀要第14号
54) 板野晴子（2013）、前掲書
55) 山本数子（1982）「リトミック運動を普及させた天野蝶について」日本女子体育大学紀要12号
56) 近藤久美（1999）「21世紀の子どもを育むリズム教育―天野式幼児リトミックを通して―」一宮女子短期大学研究報告第38号
57) 岡本昌代、西本夏江（2009）「保育学科における「体育」の授業内容の考察〜幼児体育と「天野式リトミックが融合したリトミック体操」について」東筑紫短期大学研究紀要40号
58) これら4曲はいずれも一宮道子作曲、天野蝶作詞による。
59) 永倉栄氏への聞き取りは2012年11月19日、浦和市にて行った。また、小林恵子氏への聞き取りは2012年8月4日、小林氏自宅にて行った。さらに同年11月10日、小林氏自宅にて伊藤直江氏、小林恵子氏から聞き取りを行った。
60) 天野蝶（1966）前掲書、p.30
61) 西山松之助、他著（1972）『近世芸道論』岩波書店、p.598
62) 天野蝶（1966）前掲書、p.15
63) 岡田俊彦（1988）『教科教育「体育」』多摩印刷、p.43
64) 文部省（1972）『学制百年史』参照
65) 天野蝶（1969）前掲書、p.20

66) 同上書、p.21
67) 同上書、p.20
68) 田中寅之助は「うちの子ねこ」、「蜘蛛の糸」等の唱歌の作詞、作曲を手掛けている。
69) ハンカ・ペッツォルト Hanka Pezzold（1862-1937）：ノルウェー人のアルト歌手。ピアノの腕前もあったリスト門下生で、東京藝術大学（旧東京音楽学校）で教鞭を執っていた。
70) 柳（1892-1984）は東京音楽学校学生時代に声楽をペッツォルトに師事した。ドイツを中心に、1929年にはボストン、1976年にはパリでも歌い、1972年に日本芸術院会員に選出された。
71) 中田は東京音楽学校教授として音楽理論、オルガンを教えていた。
72) 日本女子体育大学（1968）「大学後援会報」第30号、日本女子体育大学講演会
73) 永倉栄子編（1983）『天野式幼児リトミック』第1集、チャイルド本社
74) 天野蝶（1973）『楽しいリズム遊戯体操』共同出版社
75) 天野蝶（1973）『たのしいリズム遊戯体操』共同出版社、p.2
76) 天野蝶、戸倉ハル、一宮道子（1948）『うたとゆうぎ（秋の巻）』二葉書店
77) 村山寿子は「ゆきのこぼうず」の作詞者としても知られている。
78) 天野蝶、戸倉ハル、一宮道子（1949）『うたとゆうぎ　こどものこよみ』二葉書店
79) 天野蝶、一宮道子共著（1964）『たのしいリズム遊戯集』1、共同音楽出版社
80) 天野蝶、一宮道子共著（1964）『たのしいリズム遊戯集』2、共同音楽出版社
81) 天野蝶、一宮道子共著（1964）『たのしいリズム遊戯集』3、共同音楽出版社
82) 天野蝶、一宮道子共著（1964）『たのしいリズム遊戯集』4、共同音楽出版社
83) 柴野民三（1909-1992）は『コドモノヒカリ』の編集者、児童文学家である。
84) 佐藤義美（1905-1968）は童謡作詞家、童話作家。代表的な作品は「犬のおまわりさん」等がある。
85) 天野蝶、一宮道子共著（1964）『たのしいリズム遊戯集』5、共同音楽出版社
86) 天野蝶（1964）『幼児リトミック《天野式》』共同音楽出版社
87) 天野蝶、戸倉ハル、一宮道子（1948）『うたとゆうぎ（春の巻）』二葉書店は現在未入手
88) 名須川知子（2001）「幼児期の身体表現教育における『定型性』の意味―戸倉ハルの遊戯作品分析を手がかりに―」兵庫教育大学紀要、第1分冊
89) 名須川知子（2002）「唱歌遊戯作品における身体表現の私的変遷」兵庫教育大学

90) 土川五郎（1978）「幼兒の遊戯」『大正・昭和保育文献集』第4巻実践編所収、日本らいぶらり
91) 同上書、pp.106-107
92) 天野蝶（1969）前掲書、p.30
93) 天野蝶（1966）前掲書、pp.39-40
94) 山本昌男訳、E・J=ダルクローズ著（2003）『リズムと音楽と教育』全音楽譜出版社、p.61
95) 山本昌男訳（2003）前掲書、p.142
96) E.Jaques-Dalcroze（1904），Op.42 *Chansons d'enfants*, Paris, 1904 Édition fætisch
97) 山本昌男訳（2003）前掲書、序文、p. iv
98) 湯浅弘子氏への聞き取り調査は2015.5.23（風間書房：風間氏同席）、2015.6.14に東京都新宿にて行った。
99) 板野晴子（2015）「白井規矩郎によるリズムに合わせて行う身体運動教育についての研究―日本へのリトミック導入史の一端を探る―」『ダルクローズ音楽教育研究』Vol.39、日本ダルクローズ音楽教育学会
100) 日本女子大学校は1948（昭和23）年に新制の日本女子大学となった。
101) 馬場哲雄（2014）『近代女子高等教育機関における体育・スポーツの原風景』翰林書房、また馬場と共同研究をした石川、輿水、松本らの先行研究によっても、白井の出身校が音楽取調掛であることが報告されている。
102) 白井は音楽指南書として『普通音樂談』文學社（1890）や、教科書として『小学教授術唱歌科』金港堂（1893）等を著している。また『普通音樂教科書』成美堂（1894）は「米国ばろう氏原著」と記された訳書である。
103) 成瀬仁蔵（1984）「大学拡張実現についての相談」『今後の女子教育　成瀬仁蔵・女子大学論選集』日本女子大学、p.275
104) 白井規矩郎編（1897）『新編小學遊戯全書』同文館、p.1
105) 湯浅弘子（2012）「成瀬仁蔵と―リトミック―」『成瀬仁蔵研究会活動の記録（15）2009‐2011年度』日本女子大学教育文化振興桜楓会、p.83
106) 白井は『英国最近こどもの遊戯』開発社（1903）、『新撰五十進行曲集』二松堂（1908）『欧米最新女子運動と遊戯』弘道館（1909）などを著している。
107) 白井規矩郎（1923）『韻律體操と表情遊戯』敬文館にはリトミックの創始者であるE.J=ダルクローズの顔写真、人と成り、さらにリトミックの目的、理念が纏められ、日本女子大学校の体育会におけるリトミックの実践写真が掲載されている。

108) 馬場哲雄（2014）前掲書、p.121
109) 湯浅所蔵プリントによる。学園新聞コピー、発行年不明。
110) 日本女子大学附属豊明小学校「学校の歴史（三年生）」p.50、湯浅提供プリントのため、発行年不明。
111) 『豊明小学校80年史』には「一宮道子17・4　41・3」「天野蝶21・5　33・3」「湯浅弘子42・4」と記されている。
112) 湯浅弘子（2012）前掲書、p.86
113) 白井規矩郎（1905）「女子の體操」『婦人畫報』第一號、p.24
114) 同上書、p.23
115) E.J＝ダルクローズ著、『プラスティク・アニメの練習』の序文参照（板野和彦氏の訳による）
116) 同上書、序文
117) 小林恵子氏所蔵プリントによる。
118) 湯浅弘子氏の記録による。日本女子大学附属豊明小学校での職歴については、『豊明小学校80年史』日本女子大学（1988）に記載されている。一方、日本女子大学での職歴は非常勤講師であったため資料は見当たらない。当時天野に直接指導を受けた湯浅の他、弟子達の記憶によるものである。
119) 石井漠がリトミックを舞踊表現に活用しようとしていたことは彼の著『舞踊芸術』（1933）玉川学園出版部に詳しい。湯浅は天野式リトミックを学ぶと同時に、リトミックのエッセンスが付加された石井漠の舞踊にも既に触れていた。
120) 馬場美枝子（2012）『おさな子と共に』日本女子大学教育文化振興桜楓会、p.294
121) 湯浅弘子（2012）前掲書、p.87
122) 注の98参照。風間敬子氏への聞き取り調査は2015.5.23の湯浅氏と同席で行った。
123) http://oufusrv.jwu.ac.jp/activity/homecoming.html「日本女子大学教育文化振興桜楓会活動マップホームカミングデー」（2015.7.2閲覧）
124) 日本女子大学家政学部児童学科『履習の手引』（1958-1969）参照。
125) 湯浅弘子（2012）前掲書、p.285には「特設科目として毎土曜日音体（現在のリトミック）指導はじまる」と記されている。

第3章　リトミックの理論の探究者 "板野平"

　本章では戦後のリトミック導入に関わった板野平に着目する。小林、天野に関してはこれまでにいくつかの先行研究がなされ、彼らが留学に至った経緯は既知とされる部分も多い。対して、板野研究に関しては、板野の没年からそれほど経年していないこともあり、今後探究されるべき課題は多くある。本章ではリトミック導入に関わる板野の役割を検討する前段階として、広島の谷本と太田が板野によるリトミック導入に及ぼした影響を明確にすることから着手した。

第1節　ヒロシマからのリトミック留学生派遣の経緯に関する研究 ―谷本清の巡回講演日記から―

1．板野平研究の課題と設定

　小林宗作と共に、あるいは彼の亡き後、音楽教育界においてリトミック教育を大きく推進した人物として板野平（1928-2009）の名が挙げられる。本節は、板野が渡米する前の状況に着目しようとするものである。

　日本におけるリトミック教育は第2次世界大戦の大敗により一時縮小したが、1949（昭和24）年頃、広島師範学校の太田司朗（1904-1989）が小林宗作を広島に招き、広島におけるリトミック活動を大きく推進させた。中山（1992）[1]の報告によれば、太田が広島師範学校の教え子であり既に教職に就いていた板野をリトミック留学生として推薦した、との報告がなされている。本論でも述べるが今回の調査から、太田が留学生推薦に至る前の段階で、広島からの留学生派遣をアメリカへ申し入れていた日本人がいたことが判明した。その人物とは牧師の谷本清（1909-1986）である。自らも広島で被爆した谷本

は、日本および海外でも評価されている平和活動「ノーモアヒロシマズ」の提唱者でもあった。

　今回の調査により、谷本がアメリカへのリトミック留学生を派遣するにあたっての経緯をアメリカ巡回講演日記に残していたことが分かった。筆者は、谷本が広島からアメリカへリトミックの留学生を派遣した経緯とそれに関わる人物の役割を調査した。本研究では谷本の熱意に同調したアメリカ人達、そして太田それぞれの果たした役割を浮き彫りにするために、特に谷本の巡回講演日記を元に、板野が渡米留学する前の状況について資料をもとに考察する。

　リトミックの教育機関であるダルクローズ・スクールは、ニューヨーク、ロンドン、ジュネーヴ、パリ等、多くの国々に存在する。その中で戦後まもなく板野平が留学生として学んだのはアメリカ・ニューヨークにあるダルクローズ・スクール（Dalcroze School of Music）であった。広島の太田にアメリカからリトミックの留学生推薦依頼があったのだが、その経緯の中で谷本の果たした役割は未だ明らかにされていない。本稿では、谷本やそれに関わる人物個々の教育観と果たした役割を知ることにより、日本におけるリトミック移入史の一端を明らかにしたいと考える。

　筆者は広島流川教会の沖村裕史牧師からの聴き取りにより、当時の牧師、谷本が太田と懇意であったことを知った。谷本は自らも被爆し、アメリカへの被爆体験講演を何度も行っている。アメリカと広島の間で交わされたリトミック留学生派遣計画において、谷本が関わった詳細な経緯については明らかにされていない。現ヒロシマ・ピース・センターを置く谷本家へ調査を申し入れたところ、谷本は日記を詳細につけており、それは谷本家に保管されていることがわかった（写真1）。本研究では、谷本のアメリカでの講演日記[2]16冊の記述を中心に、広島からアメリカへリトミックの留学生を派遣した経緯とそれに関わる人物の果たした役割を明らかにしていく。

　なお、講演日記の引用は原文のまま表記し、個人の住所等の特定を避ける

べき箇所は○印で、読み取り不明の部分は＊印で記述した。

2．太田と谷本の繋がり

　太田の広島での音楽教育活動について調べたところ、「広島メサイア」の活動は広島流川教会との深い関わりを持っていることがわかった。太田は広島流川教会の信徒であった。筆者は2010年2月22日に広島流川教会牧師である沖村裕史氏に、太田司朗についての聴き取りを行った。広島流川教会には教会の運営・活動記録が所管されており、その中に谷本の日記のコピーやメサイアのパンフレット等も含まれている。そこで得られた主な情報は下記の通りである。

・広島流川教会所有の谷本牧師の日記のコピーには「太田司朗氏は、○○○○・・・、深く感ずるところがあり、夫人とともに熱心に求道せられた」[3]とある。太田は大正9年、広島師範の学生時代から広島流川教会と関わりを持ち、礼拝に参加している。
・1950～1962、1971、1974～1979、1984年の期間、太田は役員として広島流川教会の運営に長く深く携わっていた[4]。
・太田は1946年、NHKラジオで中継したクリスマスソングを指揮した[5]。
・太田は広島メサイアの指揮、運営にあたった[6]。
・太田は「平和の時計の塔」のメロディ作曲をした[7]。
・谷本の「ノーモアヒロシマズ」の活動の概略について[8]。
・平和祈念資料館のパンフレットの提供[9]。

　沖村牧師からは広島流川教会にある太田に関する情報提供を得た。その活動の内容から、太田と谷本は礼拝に参加していた熱心な信徒と教会の牧師という関係よりも、平和運動をそれぞれの立場で進めてゆく同志の関係であったのではないかとも思われる。さらに、沖村牧師の提供によるパンフレット

に記載されている谷本の「ノーモアヒロシマズ」の活動と、写真に載っている平和活動家ノーマン・カズンズとの教会の関係を尋ねたところ、以下の回答を得た。

・谷本の行動には広島流川教会が深く関係している。
・カズンズの日本における平和活動は谷本が関わる広島流川教会を中心にして行われていた。
・カズンズは複数回来日しており、教会と太田の深い関わりから、太田がカズンズと会った可能性は充分ある。

　筆者は2010年5月8日と9日に広島市の谷本家を訪問し、谷本の家族であるチサ女史（妻女）と純女史（三女）から、谷本の巡回講演日記、スケジュール手帳、スクラップ帳等の閲覧と、調査の結果を発表する許可を得た。下記は筆者が今回参照した谷本家に保管されている資料の写真である。

（写真1）谷本家に保管されている資料

谷本のメモには太田の名前が3回ほど記されている[10]。
　太田司朗○○○　／　小包を送るべき人　太田司朗○○○○○○　／太田

最初のメモは谷本の個人手帳に書かれてある太田からの献金の記録である。次は第1回のアメリカ巡回講演日記には小包を送る人のリストであり、住所も記されている。3つ目は第3回講演日記に記された太田の名である。日記には多忙なアメリカ講演の中でも太田の名が複数回記されており、太田と谷本は親しく交友があったものと思われる。

3．谷本とアメリカ人らの繋がり
3－1　谷本とジョン・ハーシー
　谷本は昭和20年代に3回アメリカで巡回講演を行っている。谷本がアメリカで巡回講演を行うに至る経緯には、ジョン・ハーシー（John Hersey 1914-1993）の「ヒロシマ」[11]が深く関わっている。
　ジョン・ハーシーはアメリカのジャーナリストであり、ピューリッツァー賞を受賞している。彼は特派員として被爆の翌年、1946年（昭和21年）5月に広島を訪れ、牧師の谷本清、医師の佐々木輝文と藤井正和、事務員の佐々木とし子、主婦の中村初代、神父のウィルヘルム・クラインゾルゲら6人を取材した。ハーシーは6人から聴き取った被爆体験や当時の救護活動を克明に記し、一般の人たちが無差別に犠牲となる原爆の恐ろしさを訴えたルポルタージュ「ヒロシマ」を書きあげ、半年で世に出したのである。このルポルタージュはアメリカの雑誌『ニューヨーカー』（The New Yorker）に当初4回に分け連載される予定であったが、編集部は雑誌ページ全てを「ヒロシマ」に割くという前代未聞の処置をとり、即日30万部を売り切るという大きな反響を呼んだ[12]。
　『ニューヨーカー』[13]は、創刊以来「明るさと粋と洗練された諷刺精神」[14]をモットーとし、知的で質の高いルポルタージュ、批評、エッセイ、小説、他都市の情報等を取り扱っている。しかし、それまでは一般の「地方情報誌」であったが、この「ヒロシマ」において、『ニューヨーカー』はナショナル・マガジンにのしあがったという評価も得ている。全ページを費やして

「ヒロシマ」を掲載したことにより、編集者は「世界の意識が変わったのを理解した」という。ここから『ニューヨーカー』の雑誌としての役割は、シリアスなノンフィクションを取り扱うものへと変化し、これから後にはレイチェル・カーソンの『沈黙の春』(Silent Spring)[15]の刊行に先だって連載し、環境保護運動を生んだ。谷本らの記事は『ニューヨーカー』が社会問題を提起する雑誌に変わる契機にもなったとされている。谷本は米軍記者ハーシーの来訪について、次の様に記している。

　　実に聞き上手で私の秘密にしておきたいことも引き出してしまう。このようにして（中略）半年後、『ニューヨーカー』誌全巻を飾った傑作『ヒロシマ』としてデビューした。当初、このような取扱いになろうとは夢にも思わなかった[16]。

　ハーシーによる報道がきっかけとなり、谷本はアメリカのメゾジスト教会のミッション・ボードから招かれ、1948年9月から1950年1月までの15ヶ月間に亘った第1回巡回旅行は31州、256都市、472の教会その他の団体で講演は582回に及び、その聴衆は約16万名にのぼった。

3－2　谷本とユーレイナ・クラーク

　第1回目アメリカ巡回旅行日記からは、リトミック留学生派遣に関わる記述を見出すことはできなかったが、谷本は8ヶ月後に再度渡米した。この第2回巡回講演旅行日記に、第1回巡回旅行の講演で知り合った女性が訪ねてきたことが記されている。

　　第2回巡回講演旅行　No.1　1950（昭25.9）―1951（昭26.7）8ヵ月
　　原爆孤児精神養子＊＊

第2回講演旅行日記の第1冊目の中表紙には上記にあるように講演旅行の期間が書かれている。2行目の「原爆孤児精神養子＊＊」はこの旅行の目的を指すものであろう。第1回目と異なるのは、「原爆孤児精神養子運動」という明確な目的をもった講演をしていることである。その中に下記の記述がある。

Oct. 27 (Fri)
　Mr. Cousins の secretary から電話連絡が入る。Miss. Clark は Colombia 大学で四人の日本から来た教育視察団に逢うから私にも来いというのである。訳がわからぬが広島から留学に来る学生のため scholarship をやるとのことである。久しぶりに Colombia の方へ出かけたので、subway を間違え5分の差で Miss. Clark に逢えなかった。帰ってみると二、三日前に、連絡のあった虎竹氏（附属小学校主事）が同じ Sloane House へ泊っている事を知り、連絡取って話し合うことができた。Miss Clark は此の虎竹氏らと Teacher's College で逢ったのである。

　Miss Clark は Connecticut の某所に住む婦人で、私を承知してゐて「谷本が広島から留学生を派遣したいと言うので共心して居られたから　私は音楽の勉強したい人はスカラシップを差上げたい、と＊＊から推薦してくれ」と太田氏に連絡してきた人である。勿論私には多くの人々に逢っているので一寸思いだせぬが行為は感謝戴く　なんとか連絡をとろうと考えた。太田氏は往復の旅費を出してもらいたいと言っているが、Miss Clark は旅費は出せないとのことでちょっと行き悩んでいる状態である。Miss Clark の私に連絡したのもその点なんとか考えさせやうとしてのことであろうか。

1950年の10月27日の日記にある Miss Clark とはユーレイナ・クラーク

(Uraina Clark 生没年不明)のことである。彼女はニューヨークにあるダルクローズ・スクール(Dalcroze School of Music)のピアノ教師である。そして視察団メンバーの一人、「虎竹氏」とは、ペスタロッチ関係の研究を手掛けた広島大学教育学部教授であった虎竹正之[17]である。谷本は日記とは別に手帳にスケジュールを書き込んでおり、そこには以下のように記されている。

Oct. 27(Fri)
Miss Uraina Clark tried & see me (but I missed her) in regard & scholarship aid
Mr. Masayuki Toratake 広島大学教育部[18] ＊＊校助教授兼附属中小学校主事
　Oct. 28(Sat)
Mr. Toratake Correspondence
　Oct. 29(San)
Visit to the Cousins family
＊＊＊＊Miss Clark in to ＊＊＊

クラークが虎竹と会ったのはコロンビア大学のティーチャーズ・カレッジ(Teachers College, Columbia University)である。臨床心理学、教育心理学、カウンセリング心理学、科学教育、音楽教育等の専攻を有している。クラークはコロンビア大学とも縁があったと思われ、彼女がペスタロッチ研究者とコンタクトを取っていたことも興味深い。

日記の文面からすると、クラークは谷本の第1回目巡回旅行での講演を聞いて、留学生招致の話を受け入れようとした。その時点で太田の住所を聞いて連絡したが、計画は旅費の問題でとん挫していたようである。しかしその後旅費等の問題解決の提案を持ち、谷本に連絡した。スケジュール手帳にもあったように、谷本の日記には29日(日)にクラークと会ったことが記され

ている。

 Oct29（Sun）カズンズ家訪問
  Mr. Cousins は外出してゐた。気がつくと遠くから Mrs. Cousins が手を振ってゐる。Amy（5才）と赤ん坊（2才）が一緒に来てゐた。家に長女の Pegeon の音楽教師 Miss Clark が待っていた。広島から音楽の留学生に scholarship をやろうと言ってくれた人。会ってみると彼女は Cousins 氏の家で逢ったことのある婦人である。確かあの時 Peace Center のため音楽を学ばせるため留学させたいことを語ったら、やうやく最近計算ができたので私があの時紹介した太田教授に連絡してきたものであった。私と語ったところは此の留学生は将来ピースセンターのため働くことを条件とするということである。彼女も感激してその点を賛同した。音楽学校では各持受教師が自由に scholarship をだしうるのである。彼女の言うには学生は家庭の子供の music を時々みてやることによって充分学費を作ることが行きうる。問題は渡航の旅費だ。私の＊＊により彼女がプログラムさえ作れれば講演に出かけその収益を旅費にすることを提案した。やがて Cousins 氏は帰ってきた。

 クラークはノーマン・カズンズ（Norman Cousins 1915-1990）の長女の音楽教師をしていた縁で、以前も谷本とカズンズ宅で会っていた。とすれば、この10月29日はクラークと谷本の再会の日である。谷本は「私があの時紹介した太田教授に連絡してきたものであった」と記憶を辿っている。この言い回しから、太田にクラークから連絡が入ったことを谷本は情報として得ていたと思われる。谷本の日記からは彼の許に多くの人が訪れ、自らも訪問し、日々講演する様子が見てとれる。この状態では27日の記述「勿論私には多くの人々に逢っているので一寸思いだせぬ」の様にすぐに思い出せなかったのも無理はないだろう。

日記の内容も「差出人はニューヨーク・ダルクローズ音楽学校長 H・M・シャスター博士で、広島の復興に教育面で手を貸したいということと、留学生を送ってくれれば面倒は一切自分の学校側で持ちたいという内容の手紙だった」[19]とする中山の記録と合致する。太田はシャスター[20]から手紙を受け取ったと話をしており、依頼の手紙には校長であったシャスターのサインが記されていたと考えられるが、その手紙の所在は現在不明である。実際は谷本が提案した留学生派遣の計画にクラークが呼応する形で話が進んだとみられ、「音楽学校では各持受教師が自由に scholarship をだしうる」とあるように、谷本―クラーク―太田の3人の間で留学生派遣の計画案がなされていったことが窺える。

　日記によるとカズンズ宅で計画が練られ、問題となる留学生の渡航費は谷本の講演料をそれに充てる案が出されている。谷本がアメリカで行った巡回講演代は、当時ヒロシマ・ピース・センターに全て送られている。

　ヒロシマ・ピース・センター米国協力会は、組織委員にパール・バック（Pearl Sydenstricker Buck 1892-1973）、ジョン・ハーシー、ノーマン・カズンズ、スタンレー・ハイ（*Reader's Digest* 主筆）、ハリー・カーン（*Newsweek* 主筆）らを有する平和活動団体で、バックは1949年3月の第1回組織委員会にて、"プロジェクトに参加する関係者が日本において出版する書物の印税を、そっくりそのままピース・センターに使ってもらう"ことを提案している[21]。全世界からの義援金、谷本の講演料、「ヒロシマ」の印税等の収入が留学生派遣のために運用されたのかは、現ヒロシマ・ピース・センターの資料には残っていない。

　太田の推薦を受けた板野平は1952（昭和27）年に渡米するが、このための旅費がピース・センターから捻出されたのか谷本の日記以外の資料からは確認するに至らなかった。旅費については太田が以下の記述を残している。

　　当時は占領下であって、ドルが無ければ切符が買えず、したがって

ヴィザが降りない。その時ジョン・ドール博士が組織している教育財団が渡航費その他を保証するとの報があり、コネチカット裁判所より、同財団の資産証明書が届いた。まもなく、香港上海銀行から、渡航費のドルが私のてもとへ送金されて来た。この運動の先頭に立って推進力となった人は、ユーレイナ・クラークという老婦人であった[22]。

　板野の家族は「アメリカではカズンズ家と、クラーク家、スクールの理事であるニューバーガー家にそれぞれお世話になった」との話を板野平から聞いている[23]。谷本の日記と手紙の内容、さらに板野の家族の話、太田の記述からも、留学生は渡航と生活の援助をアメリカから受けられ、その援助はカズンズとクラークが行っていたことも明確になった。次に、留学生の援助に関わったカズンズの活動について述べていく。

3）谷本とノーマン・カズンズ
　谷本は第1回目の巡回旅行の際に、ヒロシマ・ピース・センターの構想を持ってバックを訪問した[24]。バックはピース・センターの構想に共鳴し、カズンズに手紙を書いて谷本を紹介した。カズンズは言論界で重要な位置を占める『サタデー・レビュー』(*Saturday Review*) の編集長であった。1945年（昭和20年）の広島爆撃のニュースが報じられた際のアメリカへの内外からの抗議は痛烈なものであった。
　そうした大勢の中にあって、カズンズは連日抗議の文章を『サタデー・レビュー』に綴った人物である。カズンズは谷本の送付したピース・センター・メモランダムを「ヒロシマのアイディア」として『サタデー・レビュー』に全文を載せ、これを契機に、アメリカ側広島への援助、谷本牧師の講演の反響は一層大きなものになっていった。長女の音楽教師としてカズンズと親交のあったクラークが、谷本の講演を聞く機会を得て広島からの留学生招致を申し込み、それが実現したのは、谷本とカズンズの縁が少なから

ず影響したからといえる。

　日本においては1945年から1952年までGHQの報道規制の指令下にあり、国民にも原爆の真相を知らせることができなかった時代である。谷本の活動は、日本よりもむしろ海外で評価されている。当時の日本では谷本のアメリカでの活動が報道に取り上げられることはなかった。また、対戦国であったアメリカに足を運ぶ谷本を快く思わぬ者もいたようである。

　このような状況下で、1952年に広島からのアメリカへの留学した板野の話は取り上げられることもなかった。しかし、カズンズは職業上、メディアを最大限活用する術を持っている。彼は1949年、1951年、1953年と3度来日を繰り返し、日本の新聞社に働きかけ「原爆乙女治療運動」「精神養子運動」など、日本と全世界が注目するいわゆる「美談」として情報を提供した。ヒロシマ・ピース・センターの活動をアピールし、自らも「アメリカの良心」と言われるようになったのである。カズンズはこの「広島からの音楽の留学生を派遣する」という谷本―クラーク―太田の善意の架け橋により成功した事例を心にとめていたと思われる。実際に留学した板野を自身の家で生活させてもいた。3回目の来日の際、カズンズ本人が「養子縁組した若者をジュリアード音楽大学に留学させたい」と申し出ているが、そのきっかけはリトミック留学生をスムーズに受け入れたという前例があったからではないかと考えられる。谷本の残した新聞のスクラップには報道規制が解かれた後、1953年の以下の記事がある。なお、実名は伏せて記す。

　　（1953年の中国新聞の記事の見出し原文）[25]
　　　a) 原爆孤児に「愛の渡米」音楽好きの○○君　カズンズ氏から招き
　　　　（10月4日）
　　　b) 音楽の勉強に渡米を…精神養子○○君にカ氏から便り（10月25日）
　　　c) 渡米の日まで勉強　東京へ行く精神用紙の○○君（11月17日）
　　　d) ○○君　行ってらっしゃい　タ女史の元手英語の勉強（11月29日）

これらの記事のスペースは全て写真入りの３段抜きとして大きく扱われている。カズンズの「原爆孤児を精神養子にして渡米させる」という申し出は大きく広島の人々の関心を引いたようで、上記のとおり中国新聞は２カ月弱の間に４度取り扱っている。しかしながら、この計画は留学生を送るという目的までは果たせなかったようである。筆者の憶測であるが、その理由はいくつか考えられる。
・自分が渡米することにより原爆孤児の姉は身寄りがいなくなると考えた。
・まだ17歳であったため、自分の人生を音楽家とはっきり定めていなかった可能性がある。
・○○君はカズンズからの「ジュリアードへ入れたい」という提案はあったが、現実的に受け入れ先が決まっていたわけではなかった。
・語学の準備が間に合わなかったこと。
　では、一方の板野の留学が実現したのは何故かを推察してみる。
・既に音楽教師として働いており、音楽教育法のリトミックを学ぶことが自身の職業に結び付いたため。
・英語の教員免許も持っていたため、語学力も充分であった。
・留学先の受け入れ校がはっきりと決まっていた。
・太田からの留学生の選定、打診に自ら応えたので渡米に迷いがなかった。
　いずれにしても、カズンズも広島からアメリカへ留学生を派遣することが平和運動の大きな力になると考えていたことは間違いない。カズンズが提案した原爆孤児の少年の音楽留学は実現するに至らなかったが、リトミックを学ぶ留学生派遣が実現し、その結果、板野が帰国後日本においてリトミックを普及していった背景には、太田の存在が大きかったと言えよう。日本からの留学生がなぜリトミックを学ぶことになったのかという理由については谷本とユーレイナの出会いという偶然の中に、太田とリトミックとの出会い、太田の教育観・リトミック観を探ることが重要であり、本章２節において述べるものとする。日本とアメリカの橋渡しの役割を担った谷本はその後も留

学生派遣の依頼を継続して行っている。その後谷本が医学を学ぶ留学生をアメリカに送り帰国した例があることも、後日の聴き取りによって判明した[26]。

4．谷本の留学生派遣の取り組み

　谷本の第1回目の渡米はメソジスト・ミッション・ボードが関与し、広島原爆の被害とそれに対する復興と和解のプロジェクトとして行われた。次ぐ第2回目の巡回講演は「原爆乙女渡米治療」「精神養子運動」に代表されるが、その他青少年ホーム、孤児院、養老院、母子寮、平和問題研究所など、多くの活動を支援するために行われている。青年達の集う場では留学生派遣の依頼を熱心に行い、宿舎にあっては学生の奨学金依頼など、日本の復興を若者の教育に委ねる計画をたてていたことが解る。以下の日記の記述からは、谷本が留学生派遣をどのように考え、いかにしてアメリカの人々に訴えていたのかをみることができる。

　　約20名ばかりの学生がWendonを中心に＊＊Brooke夫妻を親問に集ってゐる。学生青年が何か広島のためできることがあれば教えて欲しいというので一時間余りに亘って＊＊をした。(中略) 私が広島から留学生を＊＊して懇しいと頼む　早速 Jon Willinson氏は自分の家の一室を提供し生活費は一切私が責任を持つからと申出られた。その他の学生たちが僕らもなんとかして旅費を稼ぐすべはないかと計画、広島青年の留学に具体的思いをいいに来た。
　　＊＊Brookeも余程うれしかったと見え　この際の様子を2、3の会合で公に語ってゐた。

　　私は神学生留学について依頼した（中略）此のところ三日間静かに手紙を書くことができた。手紙を抱えて歩いているのであるが、一日に十

四、五通から二十通ほど書くことができた。こうした学生奨学金では将来の指導者を養成するので希望に満ちた楽しいものである。

また、谷本は「広島は何事においてもごく初歩からやり直さねばならないから、あらゆる文化、宗教、都市生活に至るまで良き指導者を要します。」とも語っている[27]。谷本は広島をたてなおすために、荒廃した日本の教育の状況までも視野に入れて取り組んでいたといえる。

しかしながら、谷本の巡回講演日記を読み進めてゆくと、カズンズの平和運動の広告塔になってゆく苛立ち・確執、募金活動への圧力、ピース・センターの活動への周囲の誤解など、谷本が被爆講演を行っていく中での様々な出来事により、悩み苦しんでいく様子も読みとれる。谷本はこれらの焦燥感を、後に振り返り以下のように述べている。

　　以上のような困難の中にあって、(中略) 私に残された道は次の三つ、
　1. いつまでも黙々としてただカズンズ氏の為すままに従うか。
　2. それともこのプロジェクト、否ピース・センター全般から退いてしまうか。
　3. それとも、今日ほどのパブリシティはなくとも、自らの信ずるところを細々と続けていくかである。
　　そして私には最後の道しかないようである[28]。

谷本が述べる「最後の道」となる「自らの信ずるところ」については、第3回講演旅行手帳の記述から推測することができる。そこには「留学生を引き受けてくれる大学」として13校の大学名がメモされ、留学生候補者9名の実名が書かれている。その中の5名の名の横には受け入れ先と思われる大学名が記されている。

谷本は第1回目の巡回旅行からこれまで、ヒロシマ・ピース・センターを

興し、バックやハーシー、カズンズらの協力のもと「精神養子運動」「原爆乙女渡米治療」を推進していった。これらの活動がアメリカ、日本をはじめ世界の注目するところとなり、平和を祈念する動きになることは彼の希望であったろう。しかし、谷本が自らの信条に従って最後に行った活動は、将来を担う若者の教育に気を配ることであった。谷本の手帳にはピンク色の紙に走り書きされたメモが挟まれている。

  Message to Church   社会の変動　教会は衰えず
  今こそ"no more Hiroshimas"運動の時　Pease Center
  Pease Centerの夢は一朝にしてならず

　社会の再生による平和の復興は時間がかかっても成し遂げなくてはならないという谷本の想いが込められている。また、谷本は著書の最後に「しかし望みはまだ残されている」[29]と記し、地元広島で県と市と広島大学が協力して強力に進めている国連大学広島誘致運動に協力する意思を表している。そして、最終頁の最終行を「今後小さいながらも総力を挙げて、その協力の一端として、インターナショナル・ハウスの建設を計画中である」[30]と纏めている。

　筆者は2日間の日記調査の後、純女史からは家族の立場から聴いていた谷本の考えを聴くことが出来た。その中での「父の最後の夢は、学校を作ることだったのです」という言葉は、まさに谷本の記したことそのままであった。
　ここまで、谷本のリトミック留学生派遣に関連する一連の行動、考え方に言及してきた。留学生の板野がアメリカへ派遣された経緯において谷本が関係していた事は、これまでは太田から語られたとする以外は確証がなかったが、今回、谷本の日記の記述からその事実が明確になった。さらに日記の内

容からはリトミックについて直接的な記述は無かったものの、クラークやカズンズ等、留学生派遣に関係した周辺の人物の名も明らかにすることができた。谷本をはじめとする本稿で取り上げた人物は戦後の日本の教育の再建を願い留学生派遣を為し、留学生である板野は帰国後、国立音楽大学の教員となり、後進、学生の指導にあたり、また全国各地での講習会などにより広く日本にリトミックを普及した。現在の日本のリトミックの広がりの一端を担った谷本の役割は大きい。結果的に谷本は音楽教育、リトミックを中心に社会の再生を成し遂げるための助力をしたと考えられる。

"リトミックは音楽の諸能力を伸長するのみならず、人間教育をも目指すものである"というように、その原理の認識と実践の追求はなされているが、日本における戦後のリトミックの受容の経緯を考察したときに、リトミックが戦後の平和に寄与する意味を持つものであるという視点も持つことができる。我々は、音楽教育に携わる多くの人々がリトミックの歴史に広島が関係していたことを認識し、平和について考えていく責務がある。

今回の研究にあたり、留学生である板野平の家族からの聴き取りを2009年9月より数回にわたり行ったが、長男の和彦氏によると、板野平はリトミックの教育内容については多くを語ったが、その中で帰国後ピース・センターのための働きをするというような条件や、谷本がアメリカ巡回講演で留学生派遣を働きかけていた経緯やその背景について語ることは無かったとの事である。しかしながら、その後の板野のリトミックの教育活動への貢献、それらの端緒を切り開いていったという点で、谷本や太田らの果たした役割が大きなものであったことが明確になった。今回は主に谷本の巡回講演日記に頼るものが大であったが、戦後の広島での復興に携わった谷本や太田の教育理念を探求することも必要と考える。戦後の広島でのリトミックの広がり、帰国後の板野の果たした役割等を検討するためには、補填資料の収集とその分析が欠かせない。このことは、日本におけるリトミック導入の有り様を明確にするために欠くことができないものである。

第2節　広島の音楽教師によるリトミック導入
　　　　―太田司朗の関わりを中心に―

1．リトミック導入史上の太田の位置づけ

　我国の教育分野におけるリトミックの普及の基礎を築いた小林、天野、板野の3名の他にも、広島においてリトミック導入に関わった人物については、1節で触れた。その人物の一人、音楽教育家である太田司朗（1904-1989）についての研究は、多くはなされていない現状にある。本節では、日本におけるリトミックの黎明期を概観する中で、広島の地を中心に音楽教育に携わっていた太田司朗（1904-1989）に注目する。太田は国内に留まりながら西洋の音楽教育に関心を示し、明治期から大正、昭和にかけてのリトミック移入に関わった。彼は地方にあって、世界的な視野に立ち、音楽教育メソードに敏感に関心を持っていた人物である。太田は当時布かれていた学制の下での音楽教育には、身体運動を通して音楽を学ぶ機会が無いことを指摘している。太田の関わりを中心に、日本へのリトミック移入の一端を明らかにしていく。

　太田は第二次世界大戦前後、太田は広島大学教授として教鞭を執り、音楽教育に携わっていた。広島大学は戦前、戦後において日本の文理科大学として日本の教育界を牽引する役割を担ってきた。リトミック教育の広がりは広島の音楽教育の有り様と、戦後の広島の復興の経緯とも関係がある。リトミック導入の歴史におけるこれまでの太田の役割を明確にすることは、今後の我が国のリトミック教育の在り方を歴史的視点から考察するためにも重要な意味を持つものである。

　太田が広島で行われたリトミックの講習に参加していた1923年は、小林が渡欧し、パリのリトミック音楽院（Paris Academie Institut Jaques-Dalcroze）で学んだ年でもある。太田も小林も当初は小学校訓導として教育の職に就い

た。彼らはそれぞれの見地から当時の日本の音楽教育の方法に疑問を抱いていたと思われる。太田や小林が抱いた疑問の回答をリトミックに求め、その結果として日本にリトミックが普及したことは、彼らの業績と言える。

2．太田司朗の音楽教育
2－1　太田司朗の教育活動

　太田の音楽教育実践に関する先行研究は中山（1992）による論文[31]が存在するのみである。中山は広島における音楽教育を牽引した人物として太田を紹介し、そこに本人からの聞き取り調査で得たエピソードを記している。現在の日本におけるリトミック教育の普及を図った人物である自分の教え子を、アメリカ留学に送り出した恩師としての太田の役割が報告されている。戦後の日本におけるリトミックの普及は、太田の存在なくしては語ることは出来ない。筆者は太田による文献と、関係者からの聞き取り調査等をもとに、太田の活動を調査し、教育理念を探っていく。

　筆者は2009年9月から2011年3月までの間に、太田の家人、縁者、教え子である方々へ面会しての聞き取り調査を行い、電話や書簡の往復による取材の補充を行った。

　太田については、エリザベト音楽大学教授、水嶋良雄氏による紹介文が広島の郷土雑誌に載せられている。『けんみん文化』の「ひろしま人物誌」[32]の一部を紹介する。

　　熱心な教育者、声楽家、指揮者として昭和を生きた太田司朗（明治三十七〜昭和六十四年）は、広島の音楽活動を大きく推進した。その高潔な人柄は今も讃えられている。／広島市安佐北区に生まれた太田は、広島師範学校（現広島大学学校教育学部）卒業後、同校附属小学校に奉職した。難関の教員検定試験を突破して母校・広島師範学校の教壇に立った。学校での教育の他、学校・自宅の別なく生徒を熱心に指導し、門下

生を東京音楽学校（現東京芸大）に数多く合格させた。（中略）誰もが、「太田先生に習ったものの、レッスン料を納めたことはなかった」と、異口同音に語る。音楽は費用のかさむものが現実であるのに、太田は音楽の指導に使命を感じ、金銭については全く超然とした、高潔の士であった。／原子爆弾で愛児を失い、失意の中にあった時、太田を援助する申し出がアメリカからあった。彼は代わりに教え子を米国へ送り、「リトミック」を学ばせた。板野平がその人であるが、板野はその後、国立音大の教授となり、その道の第一人者として活躍する。こうした幼児音楽教育の中心分野は太田の存在があって初めて、我が国へ導かれた。（中略）四十歳代半ばまで広島大学に勤務したが、東京、大阪以外の地で初めて、広島に音楽大学を設置しようとするゴーセンス神父の卓見に共鳴。その協力者として昭和二十七年、エリザベト音楽大学へ移った。（中略）定年後は比治山女子短大に招かれ、幼児教育科主任教授として活躍。研究紀要『和顔愛護』に数多く執筆し、音楽を通してヒロシマの心を育て続けた。

　文中「ヒロシマ」のカタカナ表記は、多くの意味を含んでいる。広島市の広報課が作成したインターネットのサイトには「片仮名表記のヒロシマは、被爆都市として核兵器廃絶と世界恒久平和の実現をめざす都市であることを意味します」[33]と掲載されており、これは平成10年5月に行われた広島市総合計画審議会からの広島市基本構想の答申で整理された「片仮名表記の場合、ヒロシマの世界的な知名度やこれまでの取組」[34]という意味も込められたものである。これらのことを鑑みても、広島での太田の教育活動は平和の実現を願うものでもあった。

　太田の家人である太田直子氏によると[35]、幼少期から青年期までの記録等は現存しないとのことである。水嶋による記述以外に、音楽教育に関わる以前の太田の詳細を探ることは出来なかった。先述の中山の先行研究は、太

田本人から聞き取り調査を行っている。リトミック黎明期に関わる人物は、明治、大正、昭和初期にかけて活動した者が中心となっているため、これらの聞き取りや証言は非常に貴重なものであったと言える。さらに太田がリトミックを知った経緯、リトミックとの関わりと教育観を検討するには、畢生の教育活動から探る必要がある。

2－2　太田司朗による校歌の作曲

　太田は広島県及び近県の学校の校歌を複数作曲している。各学校の設置市町村名、校歌の作詞者名、校歌制定年を列挙する。学校沿革記録のまま和暦で表記した。また、校歌制定年度が学校沿革記録に残されていない場合は、学校設置、統合等、校歌が作成されたに近いと思われる年を記した。以下、太田が校歌を作曲した学校である。

　＜小学校＞
　　・広島市立中野小学校（広島県広島市）水木俊之作詞（昭和20年校歌制定）
　　・坂町立横浜小学校（広島県安芸郡坂町）泰　忠雄作詞（昭和24年校歌制定）
　　・廿日市立吉和小学校（広島県廿日市）校歌制定委員会作詞（昭和30年校歌制定）
　　・川北小学校（広島県庄原市）柄松　香作詞（昭和30年校歌制定）
　　・庄原市立永末小学校（広島県庄原市）谷口勝利作詞（昭和31年校歌制定）
　　・庄原市立水後小学校（広島県庄原市）三上唯夫作詞（昭和40年制定）
　　・高南小学校（広島県庄原市）高橋白月作詞（昭和24年秋川小から改称）
　　・広島市立落合東小学校（広島県広島市）野地潤家作詞（昭和54年発表）
　　・広島市立竹屋小学校（広島県広島市）大原三八雄作詞（校歌制定年不明）
　　・福山市立駅家小学校（広島県福山市）木下夕爾作詞（昭和30年合併、校歌制定年不明）
　　・広島市立皆実小学校（広島県広島市）安田平一作詞（大正9年創立、校歌制定年不明）

・岩国市立灘小学校（山口県岩国市）大岡　昇作詞（校歌制定年不明）
・呉市立鍋小学校（広島県呉市）清水文雄作詞（平成21年廃校、校歌制定年不明）

＜中学校＞
・廿日市立大野中学校（広島県廿日市）山本康夫作詞（昭和22年創設、校歌制定年不明）
・大竹町立大竹中学校（広島県大竹市）石本清四郎作詞（昭和23年3月校歌制定）
・呉市立警固屋中学校（広島県呉市）末政　昇（昭和24年校歌制定）
・尾道市立重井中学校（広島県尾道市）眞川　惇作詞（昭和25年校歌制定）
・呉市立広中央中学校（広島県呉市）眞川　惇作詞（昭和26年校歌制定）
・広島市立可部中学校（広島県広島市）小川二郎作詞（昭和38年校歌制定）
・広島市立戸山中学校（広島県広島市）上野友男作詞（校歌制定年不明）
・大竹市立玖波中学校（広島県大竹市）石本清司郎作詞（昭和22年創立、校歌制定年不明）
・三次市立三和中学校（広島県三次市）松田芳昭作詞（昭和33年創立、校歌制定年不明）

＜高等学校＞
・広島県立宮島工業高等学校（広島県廿日市）大原三八雄作詞（昭和37年設置）

＜短期大学＞
・広島文化女子短期大学（広島県広島市）真下三郎作詞（大学歌作成年不明）

　校歌はその地域に学ぶ児童、生徒によって歌い継がれるため、人々に強く意識づけられるものである。よって、各学校の建学の精神や教育理念を歌う校歌は、地域ゆかりの作曲家によって作られることが多い。

第3章　リトミックの理論の探究者"板野平"　131

　広島市立皆実小学校の校歌3番には「アトムの試練　のり越えて　ひろがるデルタの　いらか波　あすの日本の幸きずく　みなの願いの　とうとさに　希望みなぎる　わが学舎」と歌われている。昭和20年の原爆投下による壊滅的な被害を受けた広島では、焼失した学校も数多く、学校の復興はヒロシマの復興の意味も含んでいる。坂町立横浜小学校の校歌3番にも「平和の民となるために…（後略）」と、広島の復興の思いが込められている。終戦間もない時期、広島の地域の自然、環境、歴史に密着した教育者として作曲を依頼するには太田しかいないと考えられていたと思われる。

　太田は広島県内、また近県へ多くの教え子を教師として輩出しており、学校教育の現場との強い結びつきを持っていた。太田の専門は声楽であり、作曲ではない。にもかかわらず小学校から高等学校に至るまで、太田に校歌の作曲を依頼している公立学校は20校以上にもなる。教育者、演奏者としての太田の音楽教育活動は知られている部分もあるが、上記に挙げた「校歌の作曲者」としての活動は注目すべき事項である。広島を中心とする教育関係者に「学校の心」とも言える校歌の作曲を依頼されうる人物として、太田は音楽知識人としての信頼と尊敬を得ていたことが判る。

2－3　広島メサイヤの活動

　太田はフランクのオラトリオ「至福」の本邦初演やメンデルスゾーンのオラトリオ「エリア」の訳詩講演をはじめとし、数多くの合唱曲を指揮した。中国地方に合唱連盟が結成されるに当たっては、その初代支部長に推され、併せて全日本合唱連盟理事として合唱音楽の発展に敏腕をふるった。

　この他に、広島流川教会を軸として戦後間もなく行った「広島メサイヤ」の活動も挙げられる。太田は戦争の廃墟からいち早く立ち上がった広島女学院の150人の学生たちと共に、市民に向けて「ハレルヤコーラス」を響かせた。FK（現NHK広島放送局）が広島流川教会から中継した放送の原稿が、ガリ版刷りで残されている。以下はその内容の一部である。

クリスマス特輯番組
『クリスマス音楽禮拝』広島市上流川、流川教会より中継
十二月二十四日午後六時三十分／讃美歌　一〇五　（略）　　（アナウンス）
静かに更けゆくクリスマスイーヴのひとゝき（略）
先づ　木村牧師の聖書朗讀から初まります（ママ）（略）
原爆の地広島が　このたび世界平和のために／大いなる犠牲を被りましたのは
無意義なことに終わるでありませうか（略）
救主キリストの御名によりてアーメン
ハレルヤコーラス（アーメンに引き続いてスタート）
（昭二一、一一、二 AK 検閲済）
（かぶせてアナウンス）　四竃牧師の祈祷とハレルヤコーラスを最后に
広島市流川教会より中継いたしました　　　　　　　　　　　　NHK

　一冊の楽譜すらない状況で、1946（昭和21）年に歌われたこの「ハレルヤコーラス」が、広島の復興の励みの一つとなったのではないだろうか。2007年に行われた広島流川教会の第60回クリスマス音楽礼拝のパンフレットには以下の様に記されている。

　　1947（昭和22）年、「原爆の廃墟の中でヒロシマ市民を励ましてほしい」と、音楽家の太田司朗が希望したヘンデルの「メサイヤ」の楽譜30冊が、米軍軍用機で岩国基地を経てシカゴのリリヤン・コンデット（高校音楽教師）より広島流川教会に贈られてきたのです。（中略）早速、谷本　清牧師と太田司朗は、女学院、市内の教会、合唱団に呼びかけ、「メサイヤ合唱団」を組織。（中略）10月12日から太田司朗の指導・指揮のもとで、12月の賛美礼拝に向けて第1部の猛練習がスタートしました[36]）。

第3章　リトミックの理論の探究者"板野平"　133

　ヘンデルの「メサイヤ」はIII部から成るオラトリオである。合唱団員はアメリカの高校教師から贈られた楽譜を手に、I部の練習を始めた。太田は広島流川教会の一信徒として「メサイヤ」に関わったのではなく、広島の復興を願って音楽教育者としての立場から活動をした。太田は将来を担う若者を中心とした合唱団を指導し、音楽の力により多くの人々に感銘を与え、復興活動を行った。

2－4　太田司朗が輩出した教え子

　教員検定試験を突破したという太田の優秀さは自他ともに認めるところであった。太田の教え子は各地で教鞭をとり、指導者、音楽家として活躍をしている。太田は4000人にも及ぶ教え子を育て、多くの人材を音楽教育界に送り出している。高名な指導者に師事するともなれば、高額なレッスン料が必要とされるというケースもままあるが、太田の教育はそのような慣行を全く離脱したものであり、正規の謝礼すら全く受け取らない指導であった。太田によるレッスンは、金銭を一切要求しないからこそ厳しいものであったことを、教え子の永柴義昭氏は語っている。

　太田の教え子である永柴氏は、若くから太田の指揮する合唱団のメンバーとしても活動を共にし、太田の教育活動をごく近くで記憶している人物と言える。広島市内の小学校長、広島市私立幼稚園協会理事、広島県小学校音楽教育研究会会長などを歴任し、現在全日本リトミック音楽教育研究会広島支部長である。日本の少年合唱の草分け的存在である広島少年合唱隊の創設者でもある。

　また、同じく教え子の一人として、永柴氏と共に本研究の為に聞き取り調査にご協力いただいた森川明水氏、さらに全国的に名高い作曲家で福岡教育大名誉教授の森脇慶三（1916-1996）、岡山大学名誉教授の難波正（1912-没年不明）、広島県吹奏楽連盟理事長兼中国支部長の増廣卓三（1923-2009）、国立音楽大学名誉教授の板野平以外にも、門下生には枚挙にいとまがなかった。

3．太田司朗とリトミックとの出会い

これまでに見る通り、太田は広島という地域を教育活動の中心においていた。太田がリトミックを初めて知ったのも広島であった。太田がリトミックとの出会いについて記述した文は複数あるが、先行研究において中山は、聞き取りの結果に"広島女学院幼稚園で講習会を行ったのが、2人の助手を連れて東京から来広した小林宗作だった"という内容があったことから、太田がリトミックを知った年に関して矛盾があったことを指摘している。確かに、小林は1923年6月に第1回目のヨーロッパ留学のため渡欧しており、当年に広島での講習会で講師を務めるのは不可能である。

1923年に広島で行われたリトミック講習会が、太田とリトミックとの出会いであったことを、太田は「ヨーロッパ・リトミックの旅」(1974) に記している。

> 私たち一行35名は（中略）16日間の日程でヨーロッパ各地の音楽大学を歴訪し、ダルクローズ・リトミック音楽教育の実状視察と、意見交換を目的として出発した。（中略）モーレー音楽大学は、ウェストミンスターにあり、ここでは、ロンドン並に近郊から、多くの教育者が集まってくれて、大いに歓迎をしてくれた。1920年にダルクローズに師事したという老婦人教師もいて、私が師範学校を卒業した1923年の夏、私も初めてダルクローズを知った、と告げると非常に喜んで、「おお 同労者よ！」と言って、堅い握手をしてくれた[37]。

太田は1974（昭和49）年、日本のリトミック研究者、教育者らと共にヨーロッパ各地のダルクローズ音楽学院を視察に訪れている。その際に現地の音楽教師と、リトミックとの出会いについて話した際のエピソードから、太田が初めてリトミックを知ったのは1923年であることが判る。太田はこの文とは別に、「幼稚園の保育とダルクローズのリトミック」(1976) の論文にも以

第3章　リトミックの理論の探究者"板野平"　135

　　　私がダルクローズのリトミック教育法に出会ったのは1923年、即ち関東大震災の直前であった。盛夏の一日、広島女学院幼稚園のリズム室で初めてこの教育法に接した。私はその瞬間、驚嘆と感激の念を禁ずることが出来なかった[38]。

　上記の様に、太田の2本の論文には、リトミックとの初めての出会いは1923（大正12）年であることが記されており、講習会が行われた年に関しては疑う余地がない。太田（1976）には「当時は小学校令施行規則第9条[39]なるものが厳然とあって、教育の範囲も方法も示されていた。したがって学校の教育に於いては、その法令に従うより他はなかった」[40]との記述もある。小学校令は、森有礼文部大臣の下、1886（明治19）年に公布され、1941（昭和16）年に公布された国民学校令によって廃止されるまで50年以上効力を発揮した法令である。太田が広島師範学校を卒業し、小学校訓導の職に就いた1923年はこの小学校令が布かれていた。太田が音楽の授業内でリトミックの教育法を行おうと考えても、規制があったために、学校教育の場では十分な実践を行うことができなかったことがわかる。中山論文（1992）では「1923年」と記された年について、太田の記憶違いである可能性もあるとしているが、やはり講習の開催年は1923年であったとみて良い。この部分を補強するため、筆者は教え子の永柴氏らからの聞き取り調査を行った。その結果、太田が広島で関わったリトミック講習会については、太田がリトミックに出会った1923年以降に、もう1度開催されていたことが判明したのである。
　永柴氏が全日本リトミック研究会広島支部の講習会の案内状の一文を見ると「私の古い記憶では、当時広島大学教育学部東雲分校（旧広島師範学校）太田司朗教授が、昭和24年ごろ小林宗作先生を広島に招かれ、体育館でダルクローズ・リトミックの指導を受けたのが最初で、板野先生もその指導を受け

られた一人でした。」[41]とある。永柴氏は筆者が行った聞き取り調査の際に、小林が講師を務めた講習会についての記憶を以下の様に語っている。

> 小林宗作先生は二人の女性の先生を助手として連れていらして、自分の本から拍子、リズム、テンポなどを抜粋して教えてくれた。レッスンの時は手だけではなく、身体全体で、と言っていた。このレッスンを受けた時には板野さんも1つ上の学年だったから、受けたはず。私は昭和25年に教員になっているから、それよりも前の話。講師のお願いに関しては、太田先生が東京へ行ったときに小林先生と接触があったのでは…、と思う。場所は師範学校の体育館で。今の東雲町に講堂があって、体育館があった[42]。

永柴氏は、自分自身が教員生活を始めた1950（昭和25）年という人生の節目と照らし合わせて、講習会が開かれたのはその前年の1949（昭和24）年頃であり、受講当時は学生であったことを記憶している。講習会場は当時太田が教授をしていた広島師範学校の体育館である。太田が小林をリトミック講習の講師として広島に招き、永柴氏や板野ら、数人の教え子を受講生として参加させていた。

小林はこの後の1951年頃にも、広島音楽高等学校で開催された、保育士を対象としたリトミック講習会の講師として来広している。比治山短期大学教授の柿本氏によると、当時保育士であった柿本氏の母親がこのリトミック講習会に参加するのに伴われて、小林の講習会に出席している[43]。柿本氏はこの講習会で小林のリトミックを体験し、その後国立音楽大学に進学し、小林の下でリトミックを学んだ。

ここまでの調査の結果を照合すると、太田が関わった広島でのリトミック講習は戦前の1回と、戦後間もなくの1回、計2回開催されていたことになる。戦後の数年は日本全体が混迷を極める状況に陥っていたが、音楽教育の

リトミックによる広島の復興を目指し、小林を講師として呼んだのが太田であった。太田が関わった東雲の師範学校体育館で行われた講習会が、その後も小林が広島においてリトミックの講習をするきっかけとなったのである。1951年頃に小林を講師としてリトミック講習会を開いた広島音楽高校は、その後、小林が務めた国立音楽大学との関わりを強く持つようになり、付属の幼稚園、音楽アカデミーではリトミックを重視した音楽教育を行うようになった。

太田が小学校訓導に着任したばかりの1923年に受けたリトミックの講習は、中山の聞き取りによると、太田は従兄弟から「珍しいのがあるけ連れてってやる」と誘われて参加した[44]、という。中山論文に「(予備知識は)まったくない。見てびっくりしたんだ。とにかく視唱法とか聴唱法とかいうのがあるのは知っとったよ。けど体で受け止めるいうことは知らなんだ」[45]と記されているように、太田はリトミックを初めて知った時の感動をはっきりと記憶しており、関東大震災の直前という年、真夏という季節、場所等、鮮明に記憶されている事柄を証言している。重ねて述べるが、開催年について、論文に複数回記述していることから判断して、太田が1949年頃以前の1923年にリトミックを知っていたという事への信憑性は高い。

1949 (昭和24) 年頃に開催されたリトミックの講習と太田との関わりは、広島師範学校の教授として、自ら小林に講師を依頼した主催者側の立場となっていた。太田は、より良い音楽教育の発展のために必要なテーマは何であるのかを考えた。それは「歌唱指導法」「器楽指導法」「合唱指導法」「作曲法」「指揮法」「教材研究」などではなく、身体運動を活用した「リトミック」であると結論を出した。太田は東京から小林を講師として広島に招致したのである。中山の聞き取り調査の際には、この２つの講習会の太田の記憶が交錯し、1923年のリトミック講習会の講師が小林である、という回答になったというのが真実ではないかと思われる。

講習が２回開催されているとなると、1923年当時、太田が受けたリトミッ

ク講習の講師が誰であったのかという疑問に突き当たる。太田の傍で大正、昭和初期のリトミックの移入を肌で感じていた永柴氏も、1923年の講師については「あくまで憶測でしかないが」と前置きし、「当時…石井漠さんがいらしたでしょ、その方がバレエを身に付けるために、ダルクローズの方法を使っていましたし…」[46]と話すに留まった。音楽の専門性から見ても、可能性のある人物は、1913年にダルクローズ学院で行われていたリトミックを見学して帰国した山田と、山田からリトミックを紹介され、彼が持参したダルクローズのリトミック教則本『リズム運動』をテキストにして研究した舞踊家、石井の2名と考えるのが妥当であろう。しかし、石井は1923年にベルリンで会った小林にリトミックを学ぶことを勧めている。小林が講師であった可能性はない。

　日本ではリトミックが舞踊や体操、演劇の表現の可能性を広げる手段として、先に述べた山田、石井、伊藤らによってそれぞれの専門分野での活用がなされ始めていた時期である。太田はそのいずれかのリトミック講習を1923年に見たとも考えられる。太田の論文内には、リトミックの教育法を持ち帰った人物として山田耕筰（1886-1962）の名が挙げられている。次いで舞踊界の石井漠（1886-1962）、伊藤道郎（1893-1961）がこの教育法に着目した事、音感教育では園田清秀（1903-1935）、鈴木鎮一（1898-1998）らの方法が高く評価されることなど[47]、当時関心を持って研究や調査を行っていた人名や音楽教育法が紹介され、論じられているが、小林宗作の名は見当たらない。

　リトミックの我が国への移入史研究においては、音楽界以外の人物からも数人名を挙げることが出来る。山田は三菱財閥の岩崎小彌太（1879-1945）から海外留学資金を受け、1910年3月に渡欧し、1913年までベルリン国立音楽大学で作曲を学んだが、日本人の自分が西欧の作曲家には太刀打ちできないことを感じ、「ひそかに留学の目的を劇作に切替えた」[48]のである。舞踊にも関心を寄せ、アメリカ出身の女流舞踊家イサドラ・ダンカン（1878-1927）の舞踊やJ=ダルクローズのリトミックを見聞した。

帰国して数年後、山田の人間関係の複雑さが岩崎の怒りを買い、援助は打ち切られたが、山田からリトミックについて聞いていた者が石井以外にもいた可能性は十分ある。山田の周りには演劇、舞踊、その他芸術家が新しい芸術を追求する者が多く集まっていたからである。小説家の岩野泡鳴（1873-1920）、歌人の与謝野晶子（1878-1942）、社会運動家の平塚雷鳥（1886-1971）、劇作家の小山内薫（1881-1928）、日本舞踊家の若柳登代（1877-1954）、ダンサーの高木徳子（1891-1919）、女優の川上貞奴（1871-1946）、歌劇女優の村上菊尾（河合磯代、1893-没年不明）等、身体の動きや音楽、表現に関するそれぞれの分野で活躍したメンバーである。

現時点では1923年の講習会の講師が誰であるか確定することは出来なかった。この部分に関しては今後の調査の継続、という課題を残している。しかしながら、小林が渡欧して初めてリトミックを知った年と、太田が広島の地で初めてリトミックを知った年と、どちらも同年の1923（大正12）年であったということは、興味深い事実として特記すべきものである。

太田はJ=ダルクローズの教育法に強く共感したが、広島師範学校附属小学校の授業内では、思うようにリトミックの内容を十分に実践できることはなかった。国が定めた学校教育の中ではこの教育法を実践することが出来ない、と判断した太田であるが、リトミックの実践を断念することはなかった。これについて太田は「（当時の学校教育は）教育の範囲も方法も示されていた（中略）私は法令に従いながら、加味できる範囲で実施したのである。」[49]と記している（括弧内筆者）。この音楽教育法への太田の熱意は冷めることなく、自宅でリトミックを教え始めた。「私の教育的野望はこの程度では満足することができなかった。よって私は我が家に知人で理解のある家庭の子供を集めて、この教育の実験をしたのである。」[50]という記述から判るように、太田は自宅を「実験学校」としてリトミックの教育法の実践をしていたのである。

これまでは、我が国においてリトミックを音楽教育として紹介した人物は

小林宗作である、という認識がなされてきたが、本人の述べるところによるならば、太田は小林の実践に先行していたことになる。

4．太田司朗のリトミック観
4－1　太田が感じていた日本の音楽教育の課題

　当時の音楽教育では単音の唱歌を歌う「唱歌教授法」や、歌や音楽に振付をつけた「表情遊戯」が主となっていた。太田は当時の音感教育、才能教育にも言及しており、常に音楽教育界の動向に目を向けていた。太田は山田が持ち帰ったリトミックが、山田の母校である東京音楽学校（現：東京藝術大学）で受け入れられなかったことを「残念に思って」[51]いた。山田の音楽上の意見、教育観は「無関心と反感、否、むしろアレルギー的症状で迎えられ、排他的な待遇を受けているのが現状である」[52]として、この教育法が教育界ではなく、舞踊界、学校ダンス界に大きな影響を与えたが故に、リトミックがダンスや体育の中の一部の様に誤認されたことを憂いている。また、以下の部分にも注目したい。

　　従来の音楽教育法に聴唱法と視唱法との二つの教育法があることは周知のことである。即ち、従来の教育は聴覚と視覚、言を変えて言えば耳と目のみを使って行う教育法である。所（ママ）が、リトミックは前記の二つの感覚は勿論のこと、それ以外にすべての感覚を使って、身体運動を通して、体（からだ）全体を駆使して音楽を学びとらせようとする教育法である。前者は往々にして教師中心主義、受動的教育に陥り易い教育法であるのに反し、リトミックは体を使っての教育法であるため、能動的、自発活動による教育法で、幼児の遊びそのものが保育になるのである[53]。

　ここに見られるように、太田は今までなされていた「楽譜に書かれてある

決まった教材を歌う」という机上の音楽学習のみでは、音楽の能力どころか、子どもの自発性も育たないと考えていた。決められた事を教えるという教師中心主義から、児童中心主義への太田の気づきがここに示されている。この段階ではデューイの「児童中心主義」をそのまま反映させたものではないであろうが、「従来の教育法では技術の教育が「音楽そのもの」の習得に優先し、（中略）技術に追われ」[54]ているという、音楽教育の現場に技術偏重の課題があることを感じていたのである。太田はヨーロッパの音楽教育界にも同様に、技術偏重の風潮があったことにも言及している。

　なぜ太田は「歌唱」でも「器楽」でもなく、「身体運動」が音楽教育に必要であると考えたのか。それは、ペスタロッチ研究者、広島高等師範学校教授の長田新（1887-1961）、全人教育を唱えた小原國芳（1887-1977）、広島大学助手の任にあったフレーベル研究者の荘司雅子（1909-1998）等を輩出した広島大学の当時の太田の周囲の環境にもあったのではないかと洞察される。

（写真2）

（写真3）

太田は荘司とは広島流川教会で信仰を共にしていた。広島流川教会の墓地には太田の墓石（写真2）がある。側にはフレーベルの恩物を模したものとして有名な荘司の墓石（写真3）がある。同じ教会に所属していた仲間であり、広島大学の同僚でもあった荘司との関わりがあったことも、太田が西洋の思想、哲学、教育に強い関心を持っていた理由の一つであったかと考えることもできる。

　太田は「上野[55]で認めないものは初等音楽教育界では無視される」[56]と述べているように、音楽教育界を分析しながらも、身体運動を伴った音楽教育「リトミック」こそが、日本の音楽教育に必要な方法であるという見解から、リトミックを「広島」[57]で実践、研究しようと考えたのではないかと思われる。

　　19世紀末期の音楽界、特に演奏部門に於ては Virtuoso（技巧主義、名人芸主義）が幅をきかせていた。このことは音楽の専門教育に於ては勿論の事、初等教育の面に於ても多分にその影響を受けていた。これらのことからして、ダルクローズは、そのゆがめられた音楽教育の是正に努力しようと決心をしたものにちがいない。（中略）教育の見地から見ても、彼の教育の理想は、正しい音楽によって、正しくそれを感受させ、正しい音楽的思考をなすことによって、喜びと感動を与え、またそれを誘発して、調和的な全人格形成にまで到達させようとする偉大なる教育法であったことを私は断言して憚らないのである[58]。

リトミックを通じた音楽教育によって、広島の地域の子どもたちの人格形成を成すこと、リトミックの理念を理解する教員を育て、日本の音楽教育の充実を図ること、これらが「高潔の士、太田司朗」[59]が目指していたことであったとみて良い。

第3章　リトミックの理論の探究者"板野平"　143

4－2　太田が関わったリトミック留学生の派遣

　日本におけるリトミック教育は第2次世界大戦の大敗により一時縮小した。自らも被ばくした広島流川教会の当時の牧師であった谷本清（1909-1986）は、アメリカのミッション・ボードの招きを受けて全米で「ノーモア・ヒロシマズ」を訴え、講演をして回った。その谷本へニューヨーク・ダルクローズスクールのピアノ教師、ユーレイナ・クラークから、広島の若者を留学生としてアメリカへ招致したい、との要請があった。留学生招致の件は谷本を介して太田の下に持ち込まれたのである。太田はニューヨーク・ダルクローズスクールの校長、シュースター博士からの手紙に応えて、広島師範学校の教え子であり、既に教職に就いていた板野をリトミック留学生として推薦した。

　板野が帰国後日本においてリトミックを普及していった背景には、太田の存在が大きく関わっている。谷本とユーレイナの出会いという偶然の出会いの上に、太田と谷本が教会を介して知り合いであり、太田が音楽教育を通じて復興に関わっていたこと、既に太田が日本の音楽教育には身体運動を取り入れた音楽教育が必要であるということを考え、リトミックを実践していたこと、などの偶然と必然との関わりが重なったからこそ、リトミック留学生派遣を果たし得たと言える。つまり太田の教育観・リトミック観なくしては広島からアメリカへリトミック留学生を送ることは出来なかったであろう。

4－3　太田によるリトミック普及

　広島師範学校第1期生に向けた太田の寄稿文「蒼空会諸君に寄せて」[60]の一部を紹介する。太田が自身の音楽教育を通して蒔いたリトミックの種は、その後に成果を見ることになる。

　　　昭和十八年には文部省直轄学校となり、三原と合併して広島師範学校
　　（男子部）となり、（中略）君らは本科第二学年となった次第である。／

その頃、長谷川鉦三氏と私は中古の自転車を購入、三〇分間運動場で練習し、東雲への細い田圃道を初試乗した珍現象もあった。（中略）諸君は（19年）九月に卒業式が挙行された。晴れの卒業式であっても、例年の雰囲気とは異なり、そわそわした中で、これが最後の別れかと、ピアノを弾く手も悲しく、異様な感じが私の胸に湧いた。諸君は、史上空前の変化と苦悩に満ちた青春を過ごした尊い経験の持ち主である。これらの諸経験が、諸君の人生内容を豊富にし、高揚せしめたものと思い、厚い敬意を表すものである。

　日本の教育を担う若者達を、その時代に送り出す苦悩があったことが綴られている。その後、広島は多くの犠牲を出して終戦を迎えた。「ノーモア・ヒロシマズ」を唱え、広島の復興が日本の復興である、とした谷本と同様に、太田は広島の音楽教育の復興から日本音楽教育の復興、発展に尽力した。永柴氏と森川氏は太田に受けた音楽のレッスンを振り返り、思い出も交えながら以下の様に語った。

　　永柴　ソルフェ、リズム反応、リズム運動、即時反応・・・師範学校なので十分に出来なかったので卒業してからレッスンを受けていた。初見、教会の讃美歌では和声の学習。身体が活き活きとしてくる経験を、実技講習の中にリトミックを入れてやろうとした。
　　森川　私は教育学部、東雲に昭和28年に入って30年に卒業した。2年課程だった。当時は吉田の高校で山を開墾している暮らしで、音楽の「お」の字もない生活であった。東雲に入って、音楽室の前でピアノを弾いている学生の演奏を聴いて感動して、しばらく一時間ぐらい聞いて、理科をやめて音楽をやろうと。感動には勝てなかった。相談した先輩とどうしてもやる、とけんかしたほどだった。

永柴氏は師範学校を卒業後は教師になるという道が決まっていたが、師範学校では生物学を学んでいたため、卒業間近まで音楽教育を学ぶ機会がなかった。そのような全くの「素人」である者のレッスンを引き受け、卒業後も永く指導の機会を設けては、リトミックについての講義、キーボードハーモニーの指導をした。学校教育では「単音による」音楽指導という制限があったが、永柴氏には教会の讃美歌を教材として和声を教えていたという。同じく森川氏も大学に入学してから音楽を専門にしようと決心したという。音楽家教育、という専門教育に留まらず、一般の学生に教えることにより、彼らを教師として育て、広く音楽教育を広めようという太田の考えを見ることが出来る。

> 森川　最初はハイドンのソナタを弾くと「また始まった、チャンチャカチャンチャン、その右手と左手とどうにかならんか、わしのアンマをして丁度ええ」と言われたが、自分は教育専科の指導主事もして、今はシニアの指導もしている。太田先生は仏教の事も随分学んでいられて、キリスト教と仏教の事もよく話してくださった。広島少年合唱隊のプログラムにも宗教曲を選んだ。「宗教音楽はヨーロッパしかないと思うやろ、日本にもあるんで。」と怒られる。「キリエ」や「声明」をステージでなさる。お寺に女声合唱の指導に行かれたり、浄土真宗の仏教歌を唄う会を開いたり、音楽高校のオーケストラで日本の宗教曲を歌ったり。他にも「むすんでひらいて」とルソーの関係は太田先生から話を聞いた。30年前は広島で教員養成のリトミックの講座が盛んになり、見ていると子どもの活き活きとした感じが指導者でぐんぐん変化してくる。

音楽が堪能な者ばかりではなかったであろう当時の広島師範学校において、愛情と情熱をもって学生を指導している太田の姿が浮かび上がってく

る。その頃の日本の音楽教育については、学制によってその内容、方法が限定されていたことは前述したが、その中にあって、西洋の宗教曲、邦楽、どちらの視点にも立つ教育を行った太田の視野の広さがうかがえる。

> 永柴　自転車の掃除をして、音楽室の掃除をして、誰も見ていないところで練習をしていたら、どこで見られていたのか、太田先生が流川教会に連れて行って下さった。リトミックは2、3、4拍子もわからない私のためにある、と思った。太田先生は口が悪いと言われてもフォローはして下さる。一度教えて頂いたら、離れることの出来ないようなものを持っていらっしゃる。離れていく人の話は聞いたことがない。

　先の太田の寄稿文に出てきた「中古の自転車」を永柴は太田への尊敬の念を持って磨いている。太田は永柴を流川教会へ連れて行き、そこで永柴は聖歌隊としても活動することになり、合唱、声楽を学ぶきっかけとなる。これは当時の広島師範の師弟の絆を感じさせるエピソードでもある。また、音楽の専門家ではない学生であっても、リトミックの教育法で音楽の理解を深められるよう、厳しくも熱心な指導がなされ、教え子達から慕われている太田の姿が浮かび上がる。

　この様にして太田は、リトミックを教え子たちに実践しながら、その方法と効果を検討したのである。その傍ら、広島の学校教育でのリトミック教育の普及のために小林を招き、リトミック講習会を開催するなどの活動を行った。太田は40代半ばまで広島大学に勤務し、その後エリザベト音楽大学の主任教授となり、定年後は比治山女子短期大学の主任教授となった。比治山女子短期大学幼児教育科が開催した音楽会のプログラムにはリトミックが含まれている。当時の音楽会のリトミックのプログラムを紹介する。

リトミック
a. 身体反応
　◇基本リズム
　◇指導法
　◇特殊リズム（シンコペーション）
　◇複合リズム
　◇リズムフレーズ
　◇カノン（バッハ"インベンション"による）
b. ソルフェージュ
　◇聴音
　◇視唱
c. キーボードハーモニー（鍵盤上の和声）
d. 即興演奏

　これだけの内容を含むリトミックのプログラムを、幼児教育を専攻する学生が発表する段階までに纏め上げるには、リトミック教育に精通していなければできないことであり、太田が自分自身での勉強を積んでいたことが判る。この演奏会開催を祝して、ニューヨーク・ダルクローズ音楽学校のシュースター博士から届けられたメッセージの訳文[61]が同短期大学の紀要に紹介された。

　　ダルクローズ音楽学校長　シャスター博士よりのメッセージ（訳文）
　　太田司朗教授
　　板野　平教授
　　　比治山女子短期大学ならびに、1971年11月3日の発表会に参加される皆様へ
　　　ニューヨーク、ダルクローズ音楽学校、およびアメリカ・ダルクローズ教師研修センターからお祝い申し上げます。（中略）皆さんはエミール・ジャック・ダルクローズの教育の中に、豊かなインスピレーションと技術的に役立つものを発見されるでしょう。そして音楽を生活での重

要で、意味あるものにするよう次の若い学生に贈ることができます。
(中略)

　板野教授、太田教授、他、日本の教師、音楽家と接するにおよんで、私は将来、日本は最も重要なダルクローズ・センターの一つになるであろうと確信しています。
1971年10月21日

　　　　　　　　　　　　　署名　ヒルダ・M・シャスター博士
　　　　　　　　　　　　　　　　学校長

　シャスター博士が認めるように、我が国におけるリトミックの広がりは勢いがあり、1971年当時、既に日本ではリトミックが全国的に普及しつつあった。アメリカの音楽教育書には以下のように記されている。

　　1963年に国際音楽教育協会 (International Society for Music Education) の大会が東京で開催され、日本におけるダルクローズメソードへの関心の高まりが報告された。日本では最大の音楽の教員養成大学でJ=ダルクローズのメソードの教育が行われている。そして公立学校の教員やその他の教員に対するワークショップも全国的に行われている。また、時としてひとつのワークショップに200人以上の教員が参加することがある[62]。

　このように驚きをもって紹介されるほどの日本におけるリトミックの広がりの基礎を築いたのは、太田の推薦で留学し、シャスター博士の下で学んだ板野であった。アメリカに渡った板野は、1952 (昭和27) 年にニューヨーク・ダルクローズ音楽学校に入学し、1956 (昭和31) 年までの5年間のリトミック留学を終えて帰国した。板野は帰国後、国立音楽大学の教員となり、後進、学生の指導にあたり、また全国各地での講習会などにより広く日本に

リトミックの普及に尽力した。板野は国立音楽大学でリトミックを専攻した教え子の学生、卒業生を次々にニューヨーク・ダルクローズ音楽学校へと送り出し、彼らは帰国後、全国でリトミック教育を実践したのである。太田が日本の音楽教育に必要と考えた身体を通した音楽教育、リトミックの教育法は、教育現場に求められ昭和30年代から広く普及していったのである。

5．太田の教育観の側面

　これまで日本に音楽教育として一番早く実践したのは小林であると捉えられ、強調されてきたのは間違いではないが、太田も同時期に広島の地でリトミックを知り、自らの教え子らに実験的実践をしていたという事実が明らかになった。ここまでの調査、検討から、太田の教育観の側面は、5つ挙げられる。

① 日本の音楽教育に対する視点

　太田が当時の日本の音楽教育に必要なのは、唱歌教育、器楽教育のみではなく、身体の動きを活用する方法である、と考えた。大正・昭和前期は児童中心主義から土川五郎の遊戯が提唱されていた。音楽に身振りを伴う行進遊戯や律動遊戯等がそれである。大人の身振りをまねた動きの繰り返しや、月を表すには頭の上で手をかざす、といった方法は、教師の視点から「決められたことを教える」というものであった。当時の唱歌教育では子どもの視点からの「学ぶ教育」、または子どもの個性を「引き出す教育」という児童中心主義の教育の域に未だ達しておらず、太田が当時の音楽と動きの活動に何らかの不十分さを感じ取っていたと思われる。

　先述した中山の報告（1992）内の「視唱法とか聴唱法とかあるのは知っとったよ。けど体で受け止めるいうことは知らなんだ」という太田の言葉にあるように、当時の学制の下で行われていた音楽教育では、唱歌と器楽の教育はあったが、身体を活用した音楽教育法は日本では全く新しいものであっ

た。

太田は学校音楽教育にメソード主義を取り入れようと模索していたが、西洋の教育法をやみくもに取り入れたのではない。自身の論文において園田清秀の音感教育、鈴木真一の才能教育にも言及しているように、国内、国外の音楽教育法について考察していた。教え子たちへの実践を通して、初めにリトミックの身体運動を取り入れ、さらにソルフェージュや和声感の育成にもJ=ダルクローズの方法を取り入れるという広がりを持っていった。

② 国外の教育法に対する視点

太田は国外の教育法や教育哲学へも関心を持っていた。当時リトミックはスイスを初め、ドイツ、フランス、アメリカで高く評価されていた。太田は海外の教育哲学に関心を寄せている。太田は比治山女子短期大学の研究紀要『和顔愛護』に数多く寄稿しており、文中にはフレーベル、ペスタロッチに言及したものもある。また、ヨーロッパへリトミック教育視察に赴いた際には、スイスに向かう飛行機の中で「ここにルソーの墓があるはずじゃ」と板野に話しかけ、ルソーへの見識も示した、というエピソードもある。

> かつて二十数年前来朝した米国の一小学校教師である、ヘンリ・パーカスト女史の、ドルトン・プランについての講演を聴いたことがある。会場には小学校教師は勿論、一流の教育学者も、知名の士も来聴していた[63]。

この文は1953年に記されたものである。文中「二十数年前」は1930（昭和5）年前後の事であり、太田が常に国内外の情報を敏感に捉え、見聞を重ねていたことが判る。

太田が小林と同時期にリトミックを知り、いち早くリトミックの実践を始めていたことは驚きに値するものであるが、このことは太田が熱心な勉強家

であり、最新の教育事情を察知し、より良い音楽教育を取り入れようとしていた証でもあろう。

③ 教え子に対する視点

　太田は単に学生の音楽の演奏技術を伸ばすための指導をするのではなく、音楽教師を育てることに心血を注いでいた。太田は「専門教育においては、よき演奏家を養成し、小・中学校の普通教育においては、音楽を通してよき人間を培わんとしているのである」[64]として、教え子らには子どもの人間性を培う教師であるよう希望している。つまり、太田自身の教え子に対する教育の目標が「人間性を培う」ことであったといえよう。J＝ダルクローズのリトミックは、知性、身体、意志、感受性の育成によって「人格的個性の発達」を促すものである。この理念に太田の教育観が呼応したと言える。太田は、子ども、学生、社会人に至るまで、すべての人々に通ずる音楽教育法として、リトミックを取り入れた。教え子らにリトミックの教育法を活用した教授をすることによって、音楽の基礎的能力の育成と、人間性の育成を目指したのである。

④ 地域、「広島」に対する視点

　太田は地域に根差して幅広く活動していく音楽教育家であった。また、芸術教育の中枢を担う「上野」に対して、「広島」の自分たちも教育界を牽引していくという気概を持っていたであろう。校歌の作曲依頼の数にも見られるように、太田の教育活動は地域「広島」に深く根をはるものであった。

⑤ 宗教者としての視点

　太田はキリスト者であった。西洋の思想、西洋の文化を取り入れることは自然のことであったろう。原爆投下まもなくの広島で音楽教育の仕事をした姿勢は、キリスト者としての奉仕と慈愛の精神から生まれたものであると考

えられる。何より、「ヒロシマ」として語られる広島の地から、リトミックの留学生の派遣がなされたことは、流川教会と太田の繋がりがあったからである。

　現在の日本のリトミックの広がりの一端を担った太田の役割は大きい。結果的に太田は広島の地に活動の場を置きながら、音楽教育法のリトミックを通して、広島、日本の再生を成し遂げるための助力をしたと考えられる。
　感性を養う音楽教育であるリトミックの普及に貢献した人物、太田司朗の関わりについて言及した。広島に原爆が投下されたことにより、戦後のリトミック教育が一時的に衰退はしたが、太田が戦前から広島の地で深く、広く、高く探究した教育活動やリトミック実践があったからこそ、教育活動を再開することができたと言えよう。太田の広島師範、広島大学赴任時代の資料が極めて少なく、後年に勤務した比治山短期大学の研究紀要の資料が中心となった。教師生活前半の時代の資料収集が課題として残る。次稿は太田の教え子であり、アメリカへリトミック留学をした板野について、移入史上の関わりと教育観を探っていくこととしたい。

第3節　板野平による日本へのリトミック導入に関する一考察
―「学校音楽教育改革論　ダルクローズの思想をめぐって」を中心に―

1．板野平によるリトミック導入

　板野平（1928-2009）は、戦後の日本におけるリトミックの普及に貢献した音楽教育家である。板野はアメリカのニューヨーク・ダルクローズ音楽学校を1956年に卒業し、その年に国立音楽大学講師に就任した。2年後の1958（昭和33）年には国立音楽大学附属中学校が文部省からリトミック教育の研究指定校を委嘱されたことを受け、板野は「音楽反応について」[65]の研究発表

第3章　リトミックの理論の探究者"板野平"　153

を行った。板野は1962（昭和37）年には文部省教材等調査研究会の委員となり[66]、その後も学校教育に目を向け、日本の学校教育におけるリトミック実践を意識していたと思われる。

　板野が教育機関に所属し後進を世に送り出したこと、各地方での講習会での普及活動を積極的に行ったこと等により、我が国でのリトミック教育の認知度が高まり、幼児教育の現場や学校教育、更には生涯学習の場に至るまで、リトミックを受ける、または実践をする人数の増加をみた。

　我が国にはリトミックに関わる団体がいくつか存在するが、そのうちの一つ、全日本リトミック音楽教育研究会の会報「音楽と動き」には1981年から「学校音楽教育改革論　ダルクローズの思想をめぐって」[67]と題する板野の文章が連載されている。

　板野がこの原稿の執筆にあたって、テーマとして選択したJ=ダルクローズの論文集『リズムと音楽と教育』[68]所収の「学校音楽教育改革論」は、*Un essai de réforme de l'énseignement musical dans les écoles*[69]という原題で本としても出版された重要な論文である。本稿ではこの論文を基に記された板野による連載「学校音楽教育改革論　ダルクローズの思想をめぐって」について焦点をあてて、その記述から板野がJ=ダルクローズのリトミックに関してどのような見解を持っていたのかを明らかにする。このことは、日本へのリトミック導入の歴史を概観する上での重要な資料ともなり得るものであり、意義のあることと考えられる。

　これまで小林宗作、天野蝶ら、リトミックの黎明期の先駆者の活動に注目する研究はなされてきたが、板野に関する研究は、彼の没年からそれほど年月が経っていないこともあり、未だ着手されていない状況にある。板野は先述の2人に続いて教育者としてもその名が知られるリトミック研究者であり、板野の見解を明らかにすることは、黎明期から現在のリトミック研究の有り様と今後の課題を考察する上で重要なことである。ここでは、板野がJ=ダルクローズの音楽教育観をどのように捉えていたのか、また、板野自

身のリトミック観はどのようなものであったのかを明らかにすることを目的とする。

本稿では全日本リトミック研究会の会報「音楽と動き」に掲載された板野平の「学校教育改革論　ダルクローズの思想をめぐって」の記述の内容を、「学校音楽教育への取り組み」、「技術・方法論について」、「他分野の学者の論の参照」、「音楽教育観について」の4つの項目に分けて分析することにより、J=ダルクローズと板野の見解を明らかにしていく。

2．板野平による研究の概観
2－1　リトミック導入に関わった人物について

J=ダルクローズの『リズムと音楽と教育』が訳出された1975年、板野自身が日本におけるリトミックの先駆者として先ず名を挙げたのは、音楽家の山田耕筰（1886-1965）であった。日本へのリトミック導入に関わった人物について、板野は以下の様に記している。

　　　日本人としてリトミックを研究した最初の人は、おそらく山田耕筰であろうと思われる。ついで伊藤道朗[70]（舞踊家）、小林宗作（元国立音楽大学講師）、天野蝶（東京女子体育大学教授）、の各氏がダルクローズ教育の普及に尽力され、現在に至っている[71]。

山田については、平沢（2006）[72]の先行研究に詳しい。リトミック導入に関わった先人は福嶋（2003）[73]によって「わが国におけるダルクローズ・メソッド〈リトミック〉の受容年表」に挙げられている。1900年代初頭から1920年代初頭までは、俳優二代目市川左団次（1880-1940）、演劇人小山内薫（1881-1928）、舞踊家伊藤道郎（1893-1961）、舞踊家石井漠（1886-1962）らの名が挙げられているが、山田も含めて、彼らはいずれも身体表現分野へのリトミックの活用を目指した人物である。音楽教育として我が国にリトミックを

紹介した小林の後に、天野蝶は「天野式リトミック」の普及に尽力し、板野は戦後の広島からの留学生としてニューヨーク・ダルクローズ音楽学校で国際免許を取得し、帰国後リトミックの更なる普及に貢献した。

2 － 2　*Le rythme, la musique et l'éducation*（1919）の邦訳

　J=ダルクローズは1892年にジュネーヴの音楽学校に教授として着任し、授業を通じて学生たちが和音を聴き取る力が十分でないことに気づいたことから、今日のリトミックの原型を模索し始めた。論文集 *Le rythme, la musique et l'éducation* は、J=ダルクローズの教育学的著作である。これは1898年の論文「音楽の学習と聴音教育」から、1919年の論文「リズム、拍子、気質」までの21年間の研究成果として発表された著作を纏めたものである。これらの論文の著された時期を見ても、J=ダルクローズがリトミックを創案し始めたころから完成に達したとされる時期までを網羅しているものといえる。このことから *Le rythme, la musique et l'éducation* は J=ダルクローズのリトミックの理論を学ぶ上で極めて重要な著書である。我が国において邦訳され出版に至ったのは1930年であった。邦訳されたものを以下に年代順に記す。

・（1928年）「ダルクローズの韻律教育」[74]…『リズムと音楽と教育』の全体には及んでいないが、第5章の一部分を小林が訳して掲載した。
・（1930年）『ダルクローズの律動教育』[75]…ジョー・ペニントン編、浅羽武一と加藤忠松の共訳によって、この論文集の概要が紹介された。
・（1975年）『リズムと音楽と教育』[76]…板野平による全訳がなされた。（板野平47歳）
・（2003年）『リズムと音楽と教育』[77]…山本昌男訳、板野平監修により1975年の同書の改訂がされた。
・（2003年）『リズム・音楽・教育』[78]…河口道朗監修、河口眞朱美訳により全

訳がなされた。
・（2009年）『リズム・音楽・教育』[79]…1975年の同書の改訂がなされた。

　小林の「ダルクローズの律動教育」は、J=ダルクローズの著作の一部の訳稿である。よって『リズムと音楽と教育』は現在より85年以前から訳出が試みられていたことになる。日本において最初の全訳本を手掛けた板野は「この本は、ジャック=ダルクローズ氏の手になる最初の著書であり、リトミックの研究過程を知り、リトミックの理論を知る上で（中略）必読の書である」[80]と記し、更に適切な訳を求めて2009年には監修者として改訂版を出版した。その他にも複数の版が出版されていることから判るように、リトミック研究者にその重要性が認識されている論文集である。

2－3　板野平の音楽教育活動

　これまでに述べてきたことに基づいて考察することによって、板野の音楽教育活動における「学校音楽教育改革論　ダルクローズの思想をめぐって」の位置づけを明確にしていく。

　板野が留学から帰国する１年前の1955年に、小林宗作は手書きの原稿に「広島の某中学の先生がこの学校に留学された」[81]と記している。「この学校」とはアメリカのニューヨーク・ダルクローズ音楽学校のことであり、広島からリトミックの留学生が渡米していることは当時の音楽教育界でも知る人がいたことが判る。1956年板野は29歳、国立音楽大学で講師をしていた小林は63歳、日本女子体育短期大学教授の天野は65歳であった。板野は帰国直後から国立音楽大学の講師として小林と共にリトミックの普及に携わった。

　小林は２度に亘る渡欧でリトミック、ボーデー体操、音楽教室等を見聞し、天野は留学の１年間でリトミックとダンスを学んで帰国している。彼らによるリトミック導入によって、保育所、幼稚園等での活動内容にリトミック実践を採り入れようという動きが出始めた。加えて、ニューヨークで５年

間リトミックを専門的に学び、国際免許を取得した板野の帰国は、更なるリトミック普及に繋がる大きな推進力となったといえる。

その後、板野は国立音楽大学音楽学部教育科第Ⅱ類（リトミックコース）の主任となり、幼児教育者、音楽教室の教師、中学校、高等学校の教師を数多く輩出した。その傍ら、幼児向けのリトミック指導のためのテキスト『子供のためのリトミック』[82]、『リトミックプレイルーム』[83]、『リトミックソルフェージュ』[84]を出版、さらには各地方へリトミック講習会講師として全国をまわり、保育や幼児教育でのリトミックの普及がなされていった。

リトミック導入に関わった先人の太田司朗や小林宗作が痛感していたのは、それまでの我が国の音楽教育には身体運動を活用した音楽教育法が欠けていたことである。小林宗作は子どもへのリトミック実践と、音楽教師のためにJ=ダルクローズの原理の追求を試みてはいるが、『綜合リズム教育概論』[85]はリトミックに加えて新しい研究を補足して織り込んだものであった。また、天野蝶による「天野式リトミック」は、リトミックを基礎としながらも、天野が体育学生のために創案したものであった。小林と天野はそれぞれの見地からリトミック普及に尽力し、日本の音楽教育界にリトミックが根付く土壌を作ったといえる。

板野による戦後のリトミック教育は、子どもたちに有効な教育法を模索していた時代の希求に応え、保育・幼児教育の現場を中心に急速に広がっていった。その要因としては、板野が国立音楽大学で教科教育法の教鞭をとり、リトミックの専門のコースを設置したことにより、多くの学生がリトミックを学んで音楽教育界に出たこと、また、板野が帰国して10年も経たずに発足した全日本リトミック音楽教育研究会をはじめとするいくつかの研究会、民間のリトミック教室等の組織的な活動が活発であったことなどが考えられる。

板野を中核として発足した全日本リトミック音楽教育研究会では、会員数が大幅に増加するまでは板野自身が会の運営、会報の編集・発行を担ってい

た。会員を対象とした講習会や会報で取り扱うテーマは、「幼児・児童の音楽基礎（リトミック）について」[86]、「音楽的才能ということ」[87]という、音楽教室、幼児・児童を対象にした指導法と、リトミックの基礎的理念を紹介する内容であった。小林が２回目のヨーロッパ留学から帰国したのが1931（昭和６）年、天野がパリでのリトミック留学から帰国したのは次の年の1932年、その後、板野がアメリカでのリトミック留学を終えて帰国したのは1956年である。このように、小林、天野、板野によるリトミックの紹介が続いたことにより、日本における保育・幼児教育への普及は確固たるものになったといえよう。

　また、板野が多くのJ=ダルクローズの著作の訳出を手掛けたことは、彼の音楽教育活動の中で極めて重要なことであると思われる。J=ダルクローズの原著を訳出したものを年代順に挙げる。

・（1966年）『ダルクローズ・ソルフェージ』第Ⅰ巻（板野平、岡本仁共訳）、国立音楽大学
・（1970年）『ダルクローズ・リトミック教則本　リズム運動』（単訳）全音楽譜出版社
・（1975年）リトミック論文集『リズムと音楽と教育』（単訳）全音楽譜出版社
・（1976年）『ダルクローズ・ソルフェージ』第Ⅱ巻、第Ⅲ巻（板野平、岡本仁共訳）国立音楽大学
・（1986年）リトミック論文集『リズム・芸術と教育』（単訳）全音楽譜出版社
・（2003年）リトミック論文集『リズムと音楽と教育』[88]（監修）

　板野の社会における活動は帰国直後よりなされており、J=ダルクローズのリトミックに関連付けられた著作、訳書などはこの他にも挙げられる。板

野は帰国当初よりリトミックの普及のために、その技術や方法を精力的に紹介する普及活動をしてきた。板野は学生、教員、子どもへの講義や実践を行い、さらに講習会のテキスト、実践方法を記した教本等を手掛けた期間を経るにつれて、リトミックの理解を深めるには実践のみでは不十分であると感じていったと思われる。J=ダルクローズの原著の訳出を最初に手掛けたのは板野が37歳になってからであった。

　それまでの我が国においては、リトミックの方法論は活発に論議がなされていたが、本稿3－2で記したとおり、J=ダルクローズの論文の内容は、1928年の小林に続いて1930年に浅羽、加藤らによって『ダルクローズの韻律教育』としてその一部のみが訳出されて紹介された。その47年後に板野によって *Le rythme, la musique et l'éducation* の全訳がなされ、『リズムと音楽と教育』という邦題で、J=ダルクローズの論文集が日本に紹介されたのである。板野は『リズムと音楽と教育』を訳した1975年当時、47歳であり、大学の講義やNHKの教育番組への関わり、文部省が関わる教育実験、日本音楽研究会の講師等、多忙を極めている状況であった。『リズムと音楽と教育』の1975年版は英語訳からの翻訳であったが、日本のリトミック学習者達が初めて容易にJ=ダルクローズの理論に触れられるようにしたことは板野の成した業績である。

3．「学校音楽教育改革論　ダルクローズの思想をめぐって」の連載

　全日本リトミック音楽教育研究会は1960年代初頭に板野を中心に結成された会である[89]。リトミックの教育理論と実践を研究する音楽教育研究団体としての活動を50年以上継続しており、日本では最も長い歴史を持つリトミック教育関係の研究会である。現在では全国に17の支部を擁し、各地に広がりをみせる団体である。

　板野はその会報の中で「原型が、芸術の伝統の上にたち、原型が正当に存在し、教育、心理、そして生理への取り組みが科学的であることが重要であ

ることは論をまたない」[90]と述べている。板野がJ=ダルクローズの『リズムと音楽と教育』を重要視し、音楽教育に関わる者のためにリトミックの理論を検討すると同時に多くの人々に紹介するという目的をもっていたことは明らかである。

　板野は実践を行うだけではなく、確かな教育理念の理解を持つことが我が国のリトミック普及に必要であると考えていたと推察される。板野は『リズムと音楽と教育』を訳出した後、所収の論文「学校音楽教育改革論」を会報の記事に採り上げ、教育学、心理学、生理学的な見地から検討する試みをしたのではないかと思われる。

　次に「学校音楽教育改革論　ダルクローズの思想をめぐって」が掲載された号の No. とサブタイトル等を纏めたものを＜表１＞に示す。連載の回数の表記は、３回目以降は記されていない。No.51は連載の No. が18と記されているが、No.51は19回目であり、これ以降の回数は１つ少ない数で表記されているため、実際の連載数は26回である。括弧の表記の変化や、綴りの誤記もあるが、表にすることで本連載の概要を一覧することができる。No.33から No.38はサブタイトルが付けられていないため、筆者による内容についての簡単なメモを（　）内に挿入した。

　連載当初、板野はJ=ダルクローズの述べる「公教育での音楽教育の必要

(表１)「学校音楽教育改革論　ダルクローズの思想をめぐって」の掲載号
　　　　（会報「音楽と動き」所収）

No.	発行年	サブタイトル等、記載ページ
33	1981.1	≪連載≫１（真の音楽教育は学校で与えられるべきであるということ）p.2
34	1982.3	≪連載≫２（音楽の個人レッスンについてのJ=ダルクローズの考え）p.2
35	1982.7	≪連載≫　（学校のカリキュラムの中に音楽を入れる理由）p.2
36	1982.11	≪連載≫　（改革者としてのJ=ダルクローズ）pp.2-3

第3章　リトミックの理論の探究者"板野平"　　161

37	1983.3	≪連載≫	（マチス・ルュシィの紹介とスイスの音楽教育事情）p.2
38	1983.7	≪連載≫	（"よく聴ける耳"をもった有能な教師の確保の重要性）p.2
39	1983.11	≪連載≫	教育方法について pp.2-3
40	1984.7	≪連載≫	カリキュラムについて p.2
41	1984.11	≪連載≫	カリキュラムについて p.2
42	1985.3	≪連載≫	カリキュラムについて pp.2-3
43	1985.7	≪連載≫	カリキュラムについて pp.2-3
44	1985.11	≪連載≫	音楽教師について（1）p.2
45	1986.3	≪連載≫	音楽教師について（2）p.2
46	1986.7	≪連載≫	クラス編成について p.2
47	1986.12	≪連載≫	絶対音感についてⅠ p.2
48	1987.3	≪連載≫	絶対音感について—2 pp.2-3
49	1987.8	≪連載≫	絶対音感について—3 pp.2-3
50	1987.12	≪連載≫	ダルクローズ・ソルフェージュの指導過程—音階指導の特徴— p.2
51	1988.3	≪連載≫18	ダルクローズ・ソルフェージュの指導過程〈調の指導重視〉pp.2-3
52	1988.7	≪連載≫19	ダルクローズ・ソルフェージュの指導過程〈音程・和声〉p.2
53	1988.12	連載20	リズム論（1）絶対性と相対性　pp.2-3
54	1989.3	連載21	リズム論［2］・拍　アクセントと拍子〜様々な文献より〜 pp.2-3
55	1989.9	連載22	リズム論［2］・歩行と歩調 pp.22-23
56	1990.5	連載23	リズム論［2］　続・歩行と歩調 pp.22-23
57	1991.3	連載24	リズム論［3］・フレージングについて pp.34-35
58	1991.12	連載25	リズム論［4］・リズムへの導入（Intiation）（ママ）pp.30-31

（2013年板野作成）

性」について紹介している。回が進むにつれて、カリキュラム・音楽教師・クラス編成という学校教育における望ましい音楽教育環境について考察を加えている。後半は学校での音楽教育に活用すべき項目として、絶対音感やダルクローズ・ソルフェージュの方法論、リズム論を採り上げている。板野はNo.59には寄稿していない。No.60とNo.61には別稿の連載「3才児のリトミック」が掲載されている。この後、板野は体調を崩し、療養に入ったため、「学校音楽教育改革論　ダルクローズの思想をめぐって」は11年と2ヶ月という期間で26回の連載となった。

4．「学校音楽教育改革論　ダルクローズの思想をめぐって」の分析

　ここでは板野による「学校音楽教育改革論　ダルクローズの思想をめぐって」の文章から、1）学校音楽教育への取り組み、2）技術・方法論について、3）他分野の学者の論の引用、4）音楽教育観について、の項目に該当する部分を抽出し、検討を加えていく。

4－1　学校音楽教育への取り組み

　J=ダルクローズの「学校音楽教育改革論」をテーマとして連載を始めるにあたり、板野が会報33号で最初に引用したのは下記の文章である。

　　　一国の音楽水準を高め、保持するためには、（中略）一般の人々が、その選ばれた（芸術家とかアマチュア）人々の歩みに、少しでも追いついていけないとしたら、両者の間に越えがたい障壁がすぐできるので、現在において、両者が共存できるなら、一体とならねばならない[91]。

これに続いて板野は「人類の進歩は、子供に与えられる教育そのものにかかっている」[92]という文章も紹介している。この引用を用いて、板野はJ=ダルクローズが学校音楽教育についてどのように考えているのかを考察してい

る。音楽教育は専門家に向けた専門教育としてなされるのみならず、国民へ、一般市民へ、そして何よりも子どもへ向けられるべきものであるという、学校における公教育としての必要性を説いている、と板野は解釈しているのである。

　戦後の教育改革の流れにおいて、文部省は『学習指導要領音楽編』(試案)を1947 (昭和22) 年に発行した。それを改訂して1951 (昭和26) 年に発行された『学習指導要領音楽科編』(試案) には「リズム反応」の項目が新たに挿入されている。その前書きには改定の要点が述べられており、「リズム反応」が加えられたことについては、下記のように記されている。

　　「リズム反応」は、今回まったく新しく取り上げたものである。その意義については、第Ⅳ章第6節にゆずるが、要するに、音楽学習は、音楽にとって最も重要な要素であるリズムの体得が根本であること、しかも、リズム感やリズム表現能力を身につけることは、幼少の時に学習するほど効果的であることから、特にここで取り上げ、強調したものである[93]。

　この編集には、リトミック教育の重要性を多くの著書で指摘していた青柳善吾 (前文部事務官) が委員として関わっていた。福嶋 (2006) はリズム反応が新たに加わったことに対して、「ダルクローズ・リトミック教育が登場した」との評価をしつつも、この『学習指導要領音楽科編』(試案) に示されている指導内容がどれだけ具体性をもって実践されたのかは明らかでないとしている[94]。

　広島県の中学校の音楽教師であった板野が、太田司朗の紹介により留学を果たしたのは、奇しくも『学習指導要領音楽科編』が発行された1951 (昭和26) 年と同年であった。太田は広島師範学校で教鞭を執り、公教育における音楽教育の現場の課題を痛感していた一人である。太田はすでに戦前から学

校教育へ身体運動を活用した音楽学習の方法が必要であると考えていた[95]。太田の教え子である板野は、5年間のリトミック留学を経て、日本の音楽教育を牽引する使命を感じていただろうと思われる。板野は会報の中において我が国の音楽教育の質の向上を目指すには、幼児教育を含めた学校教育へのリトミックの活用が必要であることを強く説いている。その部分は以下の文に見られる。

　　我々は、リトミック指導の研究に当って、音楽教室のような特殊なコースだけに注目するのではなく、同時に幼児の一般保育の中でどのようにリトミックを指導したらよいかを考えるべきである。また、一般小・中・高校などで、歌唱、器楽、鑑賞、創作などの諸領域にいかに関係づけながらリトミック指導、またリトミック的指導を行うかの研究も、併せて必要なことであろう[96]。

J=ダルクローズは学校教育と音楽の関係について、「学校教育で音楽を必修科目にすることは一国の活力に等級をつける唯一の方法である」[97]と述べている。板野はJ=ダルクローズの述べた理念を受容し、自らも我が国の幼稚園、小学校、中学校の教育へリトミックを導入する働きかけをした。板野の日本へのリトミック導入に関わる活動の一端については序章においてふれてある。

4-2　技術・方法論について

J=ダルクローズは多くの著作の中で耳の訓練の重要性を説いている。J=ダルクローズがソルフェージュ教育の必要性を強く感じていたことは、3巻から成る『ダルクローズ・ソルフェージ』[98]を著していることからも明らかである。板野は訳書『ダルクローズ・ソルフェージ』の発刊にあたって、「これはダルクローズ音楽教育（リトミック）研究の一環として当然なされな

ければならない仕事であるように思われる」[99]と述べている。板野がJ=ダルクローズの著作の中でも『ダルクローズ・ソルフェージ』を最初の訳本として手がけたのは、「教師が最初に配慮すべきことは、全音と半音の相違を、生徒によく解らせることである」[100]という、J=ダルクローズの文章から示唆されるソルフェージュ教育の重要性を認識していたことの顕れであろう。

　板野は「ダルクローズは、音楽教育のあり方として、人間の才能や能力に従って、適切な音楽教育やその方法を研究すべきであるよう示唆しているように思われる」[101]と述べ、会報の中でリトミックの方法をいくつか紹介している。また、「余りにも重要で示唆を含む言葉である」[102]と前置きした上で、「それぞれのメロディーや調子を聴き分けられない人々は、他の人々のためにその力をつけようと工夫されたシステムの良い支持者とはならない」[103]というJ=ダルクローズの文章を紹介している。

　さらに、板野は「ジャック=ダルクローズは専門的技量（歌唱や器楽演奏などの表現的技量ではなく）に教育方法の価値基準を置いた。（中略）この場合の専門的技量とはつまり、リズム感、音感を指している。われわれはこの指摘に注目すべきである」[104]と述べ、リトミックの特徴と言われる方法を『ダルクローズ・ソルフェージ』からの抜粋も交えつつ、聴感覚の重要性、絶対音感と相対音感、音階指導の特徴、調性の重視、音程・和声、リズム論（拍、歩行と歩調、フレージング、リズムへの導入）を取り上げて解説したのである。昭和43年告示の第4次学習指導要領の音楽の内容は「基礎」、「鑑賞」、「歌唱」、「器楽」、「創作」となった。板野はその執筆協力者として関わり、補足解説[105]の作成にも協力し、「基礎」の部分に、身体表現を活用した音楽学習の方法を組み込んでいる。その基となったのは、J=ダルクローズのリトミックの方法である。これらの方法がその後日本の学校教育現場でどの程度成果を上げていったのかは、今後さらに検討すべきことである。

4－3　他分野の学者の論の参照

板野は J=ダルクローズの「学校教育への取り組み」、「音楽教育観」、「技術・方法論」のみだけではなく、さらに他分野の学者の論を参照し、「真の教育者は、同時に、心理学者、生理学者、芸術家でもあらねばならない」[106]とも述べる J=ダルクローズの考えを補強していった。

スイスの心理学者ジャン・ピアジェの「音楽的概念、経験、探究、分析、符号化、創造、発見、応用などの諸活動が、音楽によってこそ最も効果的に展開される」という人間形成、人間教育の理念を紹介し、また、音楽教育が集中力を養うことについては、マーセル（James L. Mursell）、ヴァーノン（Philip E. Vernon）、ウインク[107]、レヴェス（Géza Révécz）、シューター（Rosamund Shuter P.G.）ら音楽心理学者の名を挙げ、「子供の知覚の段階は、先ず全体的な把握から、部分的な把握に移行する」と記した。

マーセルの著作には、音楽教育に心理学的見地を加えることの意義が記されている。板野は「リトミックにより近いところを知るためにはこれらを一層心理学的に究めていく必要があろう。特に、心理学の分野が今後進歩すればするほど、リトミックの教育についての真価が高く評価されていくものと考えられる」[108]と述べ、リトミックを心理学の視点から検討していく必要性を説いている。板野がリトミックと心理学との密接な結びつきを考察しようと強く意識していたことが読み取れる。

さらに、『リズムとテンポ』[109]を著した音楽学者クルト・ザックス（Curt Sachs）と、哲学者プラトン（Platon）、ジャン・ジャック・ルソー（Jean-Jacques Rousseau）、ドニ・ディドロ（Denis Diderot）らの言葉を併記し、西洋のリズムのあり方を歴史的に検討する試みを行っている。このように板野が広範な分野の学者の引用を試みていることは注目に値するものである。

4－4　音楽教育観について

板野は J=ダルクローズの音楽教育観について、「学校音楽教育改革論」の

検討を通して、その認識を強めていったと思われる。板野は以下の文を記している。

　　日本の音楽教育は、具体的・実際的な目標として演奏表現を中心に据えている人が殆んどといっても過言ではない。音楽教育の内容と過程はともかく、究極の目標は、歌やピアノが上手に演奏できればそれでよい、という観念である[110]。

　戦後は「民主的、文化的国家として新しい道を歩む」[111]状況になった我が国は、全国各地の個人や楽器店が主宰する音楽教室が隆盛をみるまでに至った。音楽大学の入学をめざす者には、より高度な演奏技術の獲得を主眼とする教育が行われてきた。そのような状況にある中、リズムに合わせて身体を動かす方法を提示し、演奏技術のみならず人間性の形成にも言及したJ=ダルクローズの音楽教育観を板野が強調したことは意義がある。
　板野の「人間の発達のために、音楽芸術という素材を教育の場で展開し、人間教育を行っていこうとする面も現れているのがジャック=ダルクローズのリトミック教育の特徴である」[112]という文章は、彼のリトミック観を表しており、リトミックの理念の探究が板野の音楽教育観そのものに繋がっていったといえる。

まとめ

　板野の「学校音楽教育改革論　ダルクローズの思想をめぐって」の記述には、J=ダルクローズが「学校音楽教育改革論」で論じている音楽教育の有り様と日本の音楽教育とを対比させ、リトミックの技術・方法論のみではなく、我が国における音楽教育の課題を捉え、改革を試みようとしていたことが明確に顕れていることが判った。J=ダルクローズの述べる教育理念は、今までの技術・技巧中心の日本の音楽教育にはまだ浸透していなかった考え

方であり、この部分がJ=ダルクローズによって示されたことを、板野は強調している。連載の記述全体を通して、板野独自の案、私見を強く打ち出している箇所は多くはない。あくまでJ=ダルクローズの思想を忠実に浮き彫りにしていくものであった。

　J=ダルクローズの著作の中でも、「学校音楽教育改革論」は、リトミックの方法論から教育学的視点へと繋がった初めての論文である。板野がこの論文をリトミックの研究会の会報の記事のテーマに選択したのは、今後の日本のリトミック研究は方法論の検討のみではなく、原理を理解するための論理研究が重要である、という意味があったと考えられる。我が国においては、J=ダルクローズの論文をこれほどまでに詳細に検討した論文は見受けられない。会報「音楽と動き」に寄せた「学校音楽教育改革論　ダルクローズの思想をめぐって」は、その一つひとつは量的には2ページ弱の原稿である。しかし、その全体像を俯瞰すると、J=ダルクローズの1本の論文を11年間という長い年月をかけ、詳細に深く評価をしていった研究が積み重ねられた重厚な「論評」ともみることができるのである。

　小林宗作はリトミックを紹介し、「綜合リズム論」を著した。天野蝶は「天野式リトミック」を案出した。J=ダルクローズの著書は小林によって一部分の訳出はなされているが、板野は重要な著作を訳出して出版し、評価し、解説を加えた。その方法はリトミックに対する持論を展開するのではなく、あくまでJ=ダルクローズによって述べられた言葉を忠実に伝え、解釈し、自らの音楽教育観を深めていくものであり、このことはリトミック原論の研究に極めて大きな貢献をしたと考えられる。

　リトミックの黎明期、その導入に関わった小林宗作、天野蝶らの時代はリトミックの紹介の時期であったと言える。これらを受けて、リトミック研究は学術的背景を取り上げていかなければならない時代になってきたということを板野は明確に示していた。板野は日本におけるリトミックの導入史において、リトミックの理論の最初の探究者であると位置づけることができよ

う。

注および参考文献

1) 中山裕一郎(1992)「太田司朗先生とリトミック」日本ダルクローズ音楽教育学会誌17号、p.5
2) 谷本清のアメリカ巡回講演日記(1948-1951)。広島流川教会は一部のコピーを所蔵していたが、その後、谷本の日記は2010年8月に広島流川教会に寄贈された。(中国新聞2010年8月5日掲載記事)
3) 教会の正式名称は日本基督教団広島流川教会であるが、本稿では「広島流川教会」と記した。コピーは本教会の沖本牧師からの聴き取り時に示されたものである。
4) 広島流川教会役員名簿、広島流川教会所蔵
5) NHKラジオシナリオコピー、広島流川教会所蔵
6) 2007年度「第60回クリスマス音楽礼拝」プログラムには広島流川教会とメサイアの歴史が纏められている。
7) 現在も「平和の時計の塔」のメロディは原爆投下時刻8時15分に毎日流れている。
8) 谷本清(1976)『広島原爆とアメリカ人』日本放送出版協会
9) 2008年度第1回企画展パンフレット「海外からの支援」広島平和記念資料館
10) 谷本清の巡回講演日記を参照、谷本家保管
11) John Herseyのルポルタージュ"HIROSHIMA"は *THE NEW YORKER*(1946年8月31日付)に掲載されている。
12) ジョン・ハーシー著、石川欣一他訳(2003)『ヒロシマ』[増補版]法政大学出版局
13) 常盤新平(1999)『ニューヨーカーの時代』白水社
14) ジョン・ハーシーの『ヒロシマ』は、アメリカでは学校の社会科の副読本として読まれている。20世紀アメリカジャーナリズムのTOP100の第1位に選出された。
15) 化学物質による環境汚染を警告した書。1962年6月発行の『ニューヨーカー』に掲載された。9月に単行本が出版されるとその日のうちに1万部が売れた。
16) 谷本清(1976)前掲書、p.38
17) 虎竹はペスタロッチ著 *Meine Nachforschungen über den Gang der Natur in der Entwicklungdes Menschengeschlechts* の訳書『探究』(玉川大学出版部、1966)を出している。
18) 記載にある「広島大学教育部」は「広島大学教育学部」である。
19) 中山裕一郎(1992)前掲書、p.5

20) 日本からニューヨークのダルクローズ・スクールへ留学した者からは「Dr. シュースター」と呼ばれている。
21) 谷本清（1976）前掲書、p.95
22) 板野和彦氏（板野平の長男）談。和彦氏はニューヨークのダルクローズ・スクールへの留学を終えて帰国した年（1981年）に板野平からこの話を聞いている。
23) 谷本は同時期にアインシュタインのところにも訪問をしている。アインシュタイン（Albert Einstein1879-1955）は自費で『ヒロシマ』を2000部購入している。
24) 谷本清（1976）前掲書、p.84
25) 谷本清のスクラップブック参照　谷本家保管
26) 谷本純氏からの2回目の聴き取りは広島市内で行った。(2010.12.11)
27) 谷本清（1976）前掲書、p.65
28) 同上書、p.210
29) 同上書、p.252
30) 同上書、p.252
31) 中山裕一郎（1992）「太田司朗先生とリトミック―日本におけるリトミック移入史の一断面―」日本ダルクローズ音楽教育研究 Vol.17
32) 「ひろしま人物誌　音楽編第14回」『けんみん文化』
33) 広島市広報課 www.city.hiroshima.lg.jp「広島市　市民生活」
34) 広島市広報課、同上
35) 筆者は太田司朗の家人、太田直子氏への電話での聞き取り及び2010年2月広島市内での面会、私信の往復を行った。
36) 広島流川教会第60回音楽礼拝パンフレット
37) 太田司朗（1974）「ヨーロッパ・リトミックの旅」『和顔愛語』vol.5-1、p.29
38) 太田司朗（1976）「幼稚園の保育とダルクローズのリトミック」『和顔愛護』比治山女子短期大学幼児教育研究会 vol.6-2、p.31
39) 明治33年8月21日文部省より出された法令。「唱歌ハ平易ナル歌曲ヲ唱フコトヲ得シメ兼ネテ美感ヲ養ヒ徳性ノ涵養ニ資スルヲ以テ要旨トス…」として小学校における教科内容を事実上規制したもの。
40) 太田司朗（1976）前掲書、p.33
41) 全日本リトミック音楽教育研究会（1994）「第40回記念ダルクローズ・リトミック音楽教育法講習会案内」
42) 永柴氏、森本氏への聞き取り調査は2010年12月広島市ホテルグランヴィアのティールームにて行った。

43) 柿本氏からの聞き取り調査は2011年1月比治山女子短期大学音楽室にて行った。
44) 中山裕一郎（1992）p.4
45) 同上書、p.4
46) 永柴氏への聞き取り調査
47) 太田司朗（1976）前掲書、pp.31-32
48) 平沢信康（2006）「初期文化学院における舞踊教育実践について」鹿屋体育大学学術研究紀要第34号、p.12
49) 太田司朗（1976）前掲書、p.34
50) 同上書、p.34
51) 同上書、p.31
52) 同上書、p.31
53) 同上書、p.31
54) 同上書、p.32
55) 東京音楽学校は文部省直属の音楽取調掛を擁し、音楽家、音楽教育家を養成する中心的教育機関であった。音楽界では「上野」と称することもある。
56) 太田司朗（1976）前掲書、p.31
57) 広島大学と筑波大学は第二次世界大戦前、官立の文理科大学として教育界への大きな影響力を持ち続けた。
58) 太田司朗（1976）前掲書、p.33
59) 太田は「けんみん文化」の表題に「高潔の士、太田司朗」として紹介されている。
60) 蒼空会編集委員編（1984）「昭和十四年広島県師範学校本科第一部入学生の記録」『道程』、pp.4-5
61) 比治山女子短期大学幼児教育研究会（1972）「ダルクローズ音楽学校長　シャスター博士よりのメッセージ」『和顔愛語』第1号、p.58
62) Beth Landis, Polly Carder（1972）*The eclectic curriculum in American music education.* Virginia: Music Educators National Conference, p.37
63) 太田司朗（1953）「小学校音楽教師に希む」『学校教育』所収、学校教育研究会、p.14
64) 太田司朗（1953）前掲書、p.13
65) この発表のための実践記録を基に纏められたものが板野平（1987）『音楽反応の指導法』国立音楽大学である。
66) 板野平の著による文部省に提出した履歴書（2003.10.26付）より一部抜粋

文部省　昭和33年度中学校音楽実験研究発表を行なう。「音楽反応について」
文部省　教材等調査研究会（中学校高等学校音楽小委員会）委員となる
昭和37年より現在に至る
文部省　昭和39・40・41年度　中学校（ママ）
文部省　昭和41年度　教育課程中等分科審議会委員となる
文部省　特殊教育調査研究会聾学校部会委員となり現在に至る
文部省　昭和39・40年度　教育課程（中学校）研究発表大会講師となる
昭和38年7月4日　ISME（国際音楽教育会議）において研究発表す
昭和40年6月3日　全国音楽教育連合会中学校音楽教育研究会において「創造性を伸ばすための表現活動」について発表をする
地方講習会の指導にあたる
昭和32年以降現在に至るまで幼・小・中・高等学校の教師を対象に音楽指導法の講習を行なう。（札幌・仙台・福島・東京・大阪・広島・小倉・山口・長崎・大分の各地方において）
昭和32年8月1日～6日　国立音楽大学夏期講座（指導法）において指導にあたり、現在に至るまで毎年行なう
日本放送協会（NHK）学校放送音楽教室三年生の担当となり現在に至る
昭和40年7月27日～同年9月3日　米国ニューヨーク・ダルクローズ音楽学校視察の後スイス・ジュネーブ・ダルクローズ音楽研究所での夏期講座に参加（二週間）後ダルクローズ生誕百年音楽祭に出席す
文部省　昭和41年度中学校中央音楽教育課程研究発表会講師を委嘱さる

67) 板野平「学校音楽教育改革論　ダルクローズの思想をめぐって」は全日本リトミック音楽教育研究会会報の33号から58号までに掲載されたものである。
68) 原語のフランス語版 *Le rythme, la musique et l'éducation*（1920）は、この他にドイツ語版 *Rhythmus, Musik und Erziehung*（1921）、英語版 *Rhythm, Music, and Education*（1921）、イタリア語版 *Il ritmo, la musica e l'educazione*（1921）も出されている。

musica e l'educazione（1925）が出版されている。日本語版については本章3-2参照。
69) *Un essai de réforme de l'enseignement musical dans les écoles* は1905年に Lausanne Payot & Cie ,Editeurs から単独の書籍として出版された。
70) 正しくは「伊藤道郎」である。
71) E.J=ダルクローズ著、板野平訳（1975）『リズムと音楽と教育』全音楽譜出版社、

訳者序 p.ⅱ
72) 平沢信康（2006）「初期文化学院における舞踏教育実践について―山田耕筰による「舞踏誌」の試み―」鹿屋体育大学研究誌34号、pp.9-29
73) 福嶋省吾（2003）「日本におけるリトミック教育の歴史的概観」『リトミック研究の現在』開成出版、p.36
74) 小林宗作（1928）「ダルクローズの韻律教育」『全人』29号所収
75) ジョー・ペニントン編著、浅羽武一、加藤忠松共訳（1930）『ダルクローズの律動教育』東京舞踊学院
76) E.J=ダルクローズ（1975）前掲書
77) 板野平監修、山本昌男訳、E.J=ダルクローズ著（2003）『リズムと音楽と教育』全音楽譜出版社
78) 河口道朗監修、河口眞朱美訳、E.J=ダルクローズ著（2003）『リズム・音楽・教育』開成出版
79) 河口道朗編、河口眞朱美訳、E.J=ダルクローズ著（2009）『定本オリジナル版リズム・音楽・教育』開成出版
80) 板野平監修、山本昌男訳（2003）前掲書、序文 p.ⅳ
81) 小林宗作「幼児のためのリズムによる教育―リトミック―」ガリ版刷りプリント（1955.10.20）
82) 板野平、小林宗作共著（1960）『子供のためのリトミック』国立音楽大学出版部
83) 板野平（1975）『リトミックプレイルーム』ひかりのくに出版社
84) 板野平（1980）『リトミックソルフェージュ』ひかりのくに出版社
85) 小林宗作（1978）「総合リズム教育概論」『大正・昭和保育文献集』第4巻、日本らいぶらり
86) 板野平（1972）「音楽と動き」全日本リトミック音楽教育研究会会報第12号
87) 板野平（1977）「音楽と動き」全日本リトミック音楽教育研究会会報第21号
88) この『リズムと音楽と教育』は監修ではあるが、板野が関わった訳出本であるので列挙した。
89) 板野平は「確か昭和35年夏、遂に研究会は発足した」と会報「音楽と動き」の50号 p.2に記している。
90) 同上
91) 板野平（1981）「学校音楽教育改革論　ダルクローズの思想をめぐって」全日本リトミック音楽教育研究会会報33号
92) 同上

93) 文部省（1951）『小学校学習指導要領音楽科編』教育出版、p.4
94) 福嶋省吾（2006）「ダルクローズ・リトミック教育の導入と展開」『戦後音楽教育60年』音楽教育史学会編、開成出版、pp.155-156
95) 板野晴子（2012）「日本におけるリトミック移入史―太田司朗の関わりを中心に―」立正大学社会福祉研究所年報第14号、pp.41-62
96) 板野平（1982）「学校音楽教育改革論　ダルクローズの思想をめぐって」全日本リトミック音楽教育研究会会報34号、p.2
97) E.J＝ダルクローズ著、板野平監修、山本昌男訳（2003）『リズムと音楽と教育』全音楽譜出版社、p.10
98) E.J＝ダルクローズ著、板野平訳（1966）『ダルクローズ・ソルフェージ』全音楽譜出版社
99) 同上、訳者のはしがき（ページ記載なし）内の文中に記載されている。
100) 同上、p.1
101) 同上
102) 板野平（1983）「学校音楽教育改革論　ダルクローズの思想をめぐって」全日本リトミック音楽教育学会会報38号、p.2
103) 同上
104) 板野平（1984）「学校音楽教育改革論　ダルクローズの思想をめぐって」全日本リトミック音楽教育研究会会報41号、p.2
105) 文部省（1970）『中学校指導書　音楽編』、p.2に氏名の記載有。
106) E.J＝ダルクローズ（2003）前掲書、p.127
107) ここに挙げられているウインクは、Herbert Wing（1883-1958）のことと思われる。Wingは音楽家であり、心理学者であるとともに学校教育の実践経験もあった。シーショア以降の音楽の鑑賞テストの改革を行った人物。イギリス人。
108) 板野平（1985）「学校音楽教育改革論　ダルクローズの思想をめぐって」全日本リトミック音楽教育研究会会報43号、p.2
109) クルト・ザックス著、岸辺成雄訳（1979）『リズムとテンポ』音楽之友社
110) 板野平（1984）「学校音楽教育改革論　ダルクローズの思想をめぐって」全日本リトミック音楽教育研究会会報41号、p.2
111) 文部省（1951）『小学校学習指導要領　音楽科編（試案）』教育出版、p.13
112) 全日本リトミック音楽教育研究会（1983）会報38号

終　章

　これまで行ってきた検討により、小林、天野、板野によるリトミックの導入について、3者の役割と取り組みを明らかにすることができた。我が国のリトミックの導入史上、小林はリトミックの紹介者であるという認識はされていたが、天野はリトミックの普及者としての役割を果たした人物と言えること、さらに、板野はリトミックの理論の探究者としての役割を果たした人物と言えること、という新たな評価を加えることができた。

　3者以前の、それまでの我が国においては、リトミックは演劇や表現の分野で活用されていた。身体表現の部分が強調されて活用されてきたリトミックを、J=ダルクローズが定義した音楽教育としてのリトミックという本来の姿で再認識する方向へと導いた3者の功績は大きい。日本にリトミックが紹介、導入された黎明期から、音楽教育法としてのリトミックの発展の時期へと動き出す重要な役割を果たしたと言える。

　1章では小林宗作によるリトミック導入の有り様を検討した。小林の取り組みは、我が国の音楽教育に疑問を抱いたところから始まった。小林の取り組みは新教育運動の時代の流れに沿うものであったともいえる。また、小林と新渡戸の関係を論じた部分については、新渡戸稲造研究においても音楽教育という新たな視点からの検討をしたことは、意味のあったものと思われる。

　小林が取り組んだリトミック研究の方法は、留学で見聞した方法や論を伝えるのみに留まらなかった。小林の発表した論文はJ=ダルクローズの原著やリトミック関係書の文献を詳細に参照したものであることが明らかになった。

　小林は総合リズム教育を提唱するにあたり、ボーデやデュディンら、J=

ダルクローズの周囲の人物の教育法にも目を向けていた。それが結果的に小林のリズム教育の理念がリトミックに回帰していることを指摘した。小林はリトミックを日本で初めて音楽教育として紹介した人物であるという認識がなされていたが、それ以前の白井や太田の関わりも研究課題として残っている。

2章では天野蝶によるリトミック導入の有り様を検討した。天野蝶による「天野式リトミック」の案出は、我が国におけるリトミック普及を推進する一つの力になったと言えよう。日本全国の保育、幼稚園教育の現場には、現在も「天野式リトミック」を忠実に実践しているところは多い。天野は体育の分野で活用するために「天野式リトミック」を案出したが、幼児教育での実践によってピアノの活用の重要性を再認識し、J=ダルクローズのリトミックに回帰していったのである。「天野式リトミック」の方法には、リトミックのサブジェクトの一つ、「ピアノによる即興」が見られないが、天野による「教材」は子どもの動きに重きを置いたものである。しかし、同時に「歌うこと」も重視していることは見逃せない。天野の子どものための歌と動きの教材を、J=ダルクローズの子どもの歌と動きのための教材との比較を行ったことにより、天野の教育観もリトミックの理念に裏付けされていることを明らかにした。

3章では板野平によるリトミック導入の有り様を検討した。板野は『リズムと音楽と教育』をはじめとするJ=ダルクローズの原典を邦訳した。小林が部分的な訳に留まっていたことと比較しても、その理論の探究の徹底ぶりが窺える活動であった。小・中学校第3次改定の学習指導要領の執筆協力にあたって、我が国の音楽教育の方法に身体運動を採りいれた音楽学習を導入し、現在の学校音楽教育へも大きく影響を与えることとなったのである。板野によるリトミック導入の方法は、J=ダルクローズの理念を探究し、他のリズム法を付加せず、〜式、ともせず、「J=ダルクローズのリトミック」としての導入を果たしたことである。

身体運動の活用によって人間性の陶冶に寄与するリトミックは、今日、幼児教育のみならず多くの分野に注目され、全国に普及していると言ってよい。その方法論を学び、実践する者は増加傾向にある。それに伴って、リトミックを音楽教育法に留まらせず、新たな解釈を加えた活用の試みがなされている状況も散見されるようになっている。

　このような状況の中、今後はJ=ダルクローズのリトミックの理念を科学的に追求することに加えて、我が国におけるリトミック黎明期の先人らによる軌跡を確認していくことが重要になっていくであろう。

　ここに、本研究に関する聞き取りにご協力頂いた方々に御礼申し上げる。そして末尾ではあるが、常に進むべき方向を示唆して下さった明星大学大学院の佐々井利夫教授に感謝の意を表したい。

聞き取り協力者一覧（所属等は聞き取り当時のものである。順不同、敬称略）

小林恵子（国立音楽大学名誉教授）

伊藤直江（リズム企画リトミック講師）

柿本因子（比治山大学教授）

横澤敬蔵（国立音楽大学附属小学校校長）

加藤武子（新渡戸稲造令孫）

加藤幸子（加藤武子長女）

佐藤全弘（大阪市立大学名誉教授）

内川頴一郎（財団法人新渡戸基金理事長）

藤田茂（財団法人新渡戸基金事務局長）

新渡戸常憲（十和田市立新渡戸記念館館長代理）

角田美恵子（十和田市立新渡戸記念館学芸員）

齋藤道子（社会福祉法人向日葵会顧問、ひまわり幼稚園理事）

永倉栄子（天野式幼児リトミック研究所所長）

折田克子（舞踊家、石井みどり折田克子舞踊研究所主催）

美輪明宏（本名：丸山明宏、歌手・俳優・アーティスト）

太田直子（太田司朗家人）

沖村裕史（広島流川教会牧師）

谷本チサ（谷本清妻女）

谷本　純（谷本清三女）

永柴義昭（全日本リトミック音楽教育研究会広島支部長）

森川明水（広島市音楽教師）

岩崎光弘（特定非営利活動法人リトミック研究センター代表理事）

栗栖勝栄（特定非営利活動法人リトミック研究センター富山第一支局長）

杉本　明（特定非営利活動法人リトミック研究センター理事）

山本昌男（元NHKプロデューサー、ジャーナリスト）

湯浅弘子（元日本女子大学附属豊明小学校教諭）

おわりに

　本書は、2013年11月に明星大学大学院人文学研究科に提出し、2014年3月に博士（教育学）の学位を取得した博士論文「日本の音楽教育へのリトミック導入の経緯―小林宗作、天野蝶、板野平の関わりを中心に―」に若干の加筆・修正を行ったものです。リトミックの創案者 E.J＝ダルクローズの生誕150周年に当たる本年2015年に本書が出版されることは、J＝ダルクローズ研究をする者として非常に感慨深いものがあります。

　博士論文として本研究をまとめるまでに、多くの先生方のご指導・ご助言を賜りました。先ず、博士後期課程においてご指導いただきました明星大学副学長の佐々井利夫教授に、心より感謝を申し上げます。ご指導を仰ぐために拙稿を携えて明星大学に伺った際、佐々井教授から「板野さん、これはあなたのライフワークになりますよ」とご示唆いただいた時の感動は、現在も私の研究の原動力となっています。常に的確かつ貴重なご指導を賜り、教育学の視点から理念や歴史の検討を深める学びをさせて頂きました。修士課程在籍中にご指導いただいた信州大学大学院の中山裕一郎教授が、歴史研究の方向を指し示して下さっていたことが、本研究を手掛けるきっかけであったことを考え併せても、素晴らしい先生方にお導き頂いている幸せを感じずにはおれません。

　学位論文審査の副査をお引き受けくださった、明星大学学長であられた小川哲生教授、明星大学の岡本富郎教授、国立音楽大学副学長の神原雅之教授には、該博な見地から、論文審査に際して貴重なご意見を頂きました。更に日本ダルクローズ音楽教育学会の会長福嶋省吾先生には、長年収集していらした貴重な資料をご提供頂きました。殊に、特定非営利活動法人リトミック研究センターの岩崎光弘代表理事には、文献のみならず、小林・天野・板野

の3者に関係する方々をご紹介頂き、広く情報の収集が叶いましたこと、感謝申し上げます。

　なお、本書の出版をご快諾くださった風間書房の風間敬子氏とのご縁により、博士論文執筆後もリトミック関係者への聞き取りが実現し、我が国のリトミック導入史の認識の一部を新たにすることもできました。このように、文献調査のみでは得られない、多くの方々のご厚意、ご協力、繋がりがあって、本書の出版が叶うことになりました。

　私ごとではございますが、私のJ＝ダルクローズ研究は我が夫、板野和彦の存在があって成立したといっても過言ではありません。これまでの私の20余年の研究生活を全力で支え、教え導いてくれた夫に、感謝の意を表します。

　末筆ではございますが、支えて頂きました多くの方々に深甚なる御礼を申し上げます。

　　　2015年9月

　　　　　　　　　　　　　　　　　　　　　　　　　　板野　晴子

著者略歴

板 野　晴 子（いたの　せいこ）

1986年　武蔵野音楽大学音楽学部声楽科卒業、学士（芸術）
2002年　信州大学大学院教育学研究科修了、修士（教育学）
2014年　明星大学通信教育課程人文学研究科教育学専攻後期課程修了、博士（教育学）
現　在　立正大学社会福祉学部子ども教育福祉学科准教授
　　　　日本ダルクローズ音楽教育学会常任理事
　　　　リトミック研究センター指導者資格ディプロマA取得

主な著書

『保育指導法 子どもの遊びとその環境』保育出版社、1999年（分担執筆）
『リトミック研究の現在』開成出版、2003年（分担執筆）
『リトミック実践の現在』開成出版、2008年（分担執筆）
『ピアノレッスンのためのリトミック』カワイ出版、2012年（分担翻訳）
『リトミック教育研究―理論と実践の調和を目指して―』開成出版、2015年（分担執筆）

日本の音楽教育へのリトミック導入の経緯
―小林宗作、天野蝶、板野平の関わりを中心に―

2015年11月30日　初版第1刷発行

　　　　　　著　者　　板　野　晴　子
　　　　　　発行者　　風　間　敬　子

発行所　　株式会社　風　間　書　房
　　　〒101-0051　東京都千代田区神田神保町1-34
　　　　　電話 03(3291)5729　FAX 03(3291)5757
　　　　　　　　　　　振替 00110-5-1853

印刷　藤原印刷　　製本　高地製本所

©2015　Seiko Itano　　　　　　　　　NDC分類：375
ISBN978-4-7599-2097-0　Printed in Japan

JCOPY 〈(社)出版者著作権管理機構 委託出版物〉
本書の無断複写は、著作権法上での例外を除き禁じられています。複写される場合はそのつど事前に(社)出版者著作権管理機構（電話03-3513-6969、FAX 03-3513-6979、e-mail:info@jcopy.or.jp）の許諾を得てください。